解構大學排名榜

U0130466

©2024 香港城市大學
本書版權受香港及國際知識版權法例保護。除獲香港城市大學書面允許外，不得在任何地區，以任何方式，任何媒介或網絡，任何文字翻印、仿製、數碼化或轉載、播送本書文字或圖表。

國際統一書號：978-962-937-686-4
出版
    香港城市大學出版社
    香港九龍達之路
    香港城市大學
    網址：www.cityu.edu.hk/upress
    電郵：upress@cityu.edu.hk

©2024 City University of Hong Kong
The Impact of Higher Education Ranking Systems on Universities
(in traditional Chinese characters)
ISBN: 978-962-937-686-4
Published by
    City University of Hong Kong Press
    Tat Chee Avenue
    Kowloon, Hong Kong
    Website: www.cityu.edu.hk/upress
    E-mail: upress@cityu.edu.hk
Printed in Hong Kong

解構大學排名榜
從三大系統談起

唐寧（Kevin DOWNING）
魯克（Petrus J. LOOCK）
葛瑞非特（Sarah GRAVETT）

盛思維 譯

香港城市大學出版社
City University of Hong Kong Press

目錄

第一章　謊言、該死的謊言及統計數字

第二章　高等教育排名系統的發展脈絡

第三章　全球排名榜的歷史與發展

第四章　評估三大高等教育排名系統
普遍問題與 ARWU 詳細分析

第五章　評估三大高等教育排名系統
普遍問題及 QS WUR 詳細分析

第六章　評估三大高等教育排名系統
普遍問題及 THE WUR 詳細分析

第九章　高等教育排名系統

序言

梅彥昌
香港城市大學校長暨大學傑出教授

隨着高等教育排名系統（HERS）的興起和發展，大學之間的競爭愈發激烈，這已是公認的事實。許多學者認為，HERS 及其年度排名對參與其中的高等教育機構產生了一定的影響（Espeland & Sauder, 2015; Hazelkorn & Ryan, 2013; Rauvargers, 2013）。在此背景下，香港城市大學唐寧（Kevin Downing）教授和兩位國際專家合撰了本書，追溯 HERS 興起的歷史，深入剖析它對高等教育及其管理系統的影響，並對比各地區院校高層所受到的影響，涵蓋南非、東南亞、澳洲和阿拉伯等地。此外，書中也討論了全球高等教育的發展趨勢，包括國際化、市場化、市場需求持續增長等現象，並分析這些因素如何推動 HERS 的進一步發展。本書亦深度解析了當前三大排名系統（QS 世界大學排名、泰晤士報高等教育世界大學排名、上海世界大學學術排名），探討在全球知識型經濟體系中，經濟、文化及政治因素的相互作用和影響。

本書中，作者指出排名系統對大學戰略發展的持續影響，當中大部分的調整都旨在增加研究成果，以此提升排名。排名在選擇合作大學時發揮重要作用，而大學校董會、政府、媒體和公眾等非直接相關方，也會影響大學管理層對排名的看法，造成大學戰略和學術發展的壓力。書中亦提到，不同地區或國家的社會政治和經濟背景，都會影響大學排名壓力的大小。

全球範圍內的地區比較研究顯示，與南非、阿拉伯地區和東南亞的機構相比，澳洲的機構對 HERS 及其排名的關注較少，而東南亞的機構對 HERS 及其排名的重視程度明顯高於其他地區，阿拉伯地區的機構則更傾向將排名作為人事決策的參考依據，這一做法與其他地區形成鮮明對比。

前言：質素、質素管理及大學排名

郭位

香港城市大學前校長暨大學傑出教授

沒有標準，就沒有進步。世界漸趨一體，而高等教育亦日益私有化，自不然追求卓越質素，大學排名應運而生。自上世紀末以來，質素開始廣受重視，大學評估提升了教學及研究，此為高等教育最大的變革。

大學教學表現評估始於 1960 年代末的美國。往後的五十多年，大學的整體評估都是由兩項重要指標構成的：教學評估及研究評估，而研究評估則建基於論文出版。這種評估模式現為全球大學廣泛採用。

在院校及學科層面，有基於評估結果的專業認證及排名。1983年，《美國新聞及世界報告》（*US News and World Report*）公佈美國大學排名結果，是首個以專業表現為基礎的排名榜。排名是一種質素保證標準，有助以高質素創新為推動力來促進全球高等教育現代化。

現今國際有三大主要大學排名榜：世界大學學術排名（Academic Ranking of World Universities, 簡稱 ARWU；始於 2003 年）、QS 世界大學排名（Quacquarelli Symonds (QS) World University Rankings；始於 2004 年）、泰晤士高等教育世界大學排名（Times Higher Education (THE) World University Rankings；始於 2009 年）。三個排名榜由不同教學及研究指標組成，比重各異，收集數據的方法也不同。

大學排名是評級機構來評估教學、研究、推廣及服務質素的一種方式。然而，大學評估一開始就備受爭議：有人不滿評估內容，有人不同意評估方法，亦有人完全反對評估——評估會令人感到焦慮不安。

直至今天，教育界內外都有人批評大學排名，主要是因為評估方法及標準不完善、評估準則及某些大學的「不良做法」。以上這些都可以影響一所大學在不同排名榜中得到的結果。故此我們常聽到有人說只要大學管理得當，排名並不重要，可是他們卻忘了「管理得當」也是客觀評估排名後所得出的結論。

評估排名是基於質素，質素是有效的參考指標。假如合理就依循，有違常理就思考斟酌。那麼只要準則合理、評估專業，沒有哪家進取的大學不關注自己的排名。大學評估是進步的誘因。沒有評估，所有人只會胡混應付，自吹自擂。

或許不是所有人都同意評估準則，但無可否認，評估所採用的指標都是客觀、具可比性，並且經過同行審視的。事實上，排名評估方法及內容正不斷更新，以追上與時並進的質素要求。只要標準恰當，一切皆可評估。雖然評估大學教學質素的準則可能不完美，但評估這個概念本身並沒有錯。而根據國際標準所得出的結論，即以國際標準為基礎所得出的排名結果，自有其價值。

過去十數年，Kevin John Downing 博士積極參與跟主要的大學排名評級機構的協調工作，並深入研究相關議題。他既是行內人，亦是對此議題有深刻見解的觀察者。他與 Sarah Gravett 博士及其前博士生 Hannes Loocke 博士合著的新書《解構大學排名榜 —— 從三大系統談起》（*The Impact of Higher Education Ranking Systems on Universities*），回顧了當代高等教育的普遍變化，還有影響高等教育的全球化現象，諸如國際化、市場化、國有高等教育私有化及新私立大學

的成立；追溯了不同大學排名系統的起源、拓展及演變，尤其是三大排名系統（ARWU、QS、THE）；仔細考察了三大排名系統所採用的方法、不同指標的比重及使用的標準，並探討排名對個別院校及整個高等教育界的影響。

三位作者在書中探討大學排名的歷史與未來發展，並思考如何幫助評級機構改進排名準則，使其更客觀，並警告不要採取「不良做法」，即只為提高排名結果，卻不改善教學、學習和研究。本書指出，排名影響學校政策、學術行為、資源分配、國際期刊、晉升標準及院校組織架構。「雖然排名必有缺點，且總會惹起爭議，但排名亦帶來啟發及機會──有很多院校受制於過往聲譽，排名讓這些院校有機會掙脫這桎梏。」

本書作者亦提醒別純粹依賴排名結果。在分析高等教育排名系統的好壞差劣後，他們認為大學排名確具存在價值。事實上，在三大排名系統出現以前，大學排名就已經存在。

此著作的結論與我的個人觀察及經驗一致。要就教育或相關事宜下決策，不管有沒有實質的排名，每人心中必然有一把尺，以衡量學習、院校聲譽、畢業生就業能力、籌款募捐等。大學排名評級迄今仍沒有評估個人學術表現、教學及研究等範疇。不論評估的對象是誰，評估必須合理、專業，並且從人的角度出發。評估的目標是提升教育質素，因此必須釐清準則及具體的賞罰制度。

抱怨排名是徒勞的，因為每年排名榜都會更新。假若政府或教育界關心高等教育質素的提升，就應該增加資源，並有策略地投放於合適的地方，以確保獲得合理回報。排名不是終極目標，但只需一根稻草，就可以知道風向。排名所反映的現象，值得我們細思。

1

謊言、該死的謊言及統計數字

引言

本章的標題內容或甚具爭議。它出自一句常被錯誤引用的短語，但用來描述眾多學者對高等教育排名系統（Higher Education Ranking System，簡稱 HERS）的看法，尤為貼切。最早引用此短語的，或許是第一代貝爾福伯爵阿瑟‧詹姆斯‧貝爾福（Arthur James Balfour），他在 1892 年的《曼徹斯特衞報》（*Manchester Guardian*）寫道：

> 門羅教授讓他想起一句在那場合不願重複的老話，大意是：謊言有三個等級 —— 謊言、該死的謊言及統計數字。

> Professor [Joseph] Munro reminded him of an old saying which he rather reluctantly proposed, in that company, to repeat. It was to the effect that there were three gradations of inveracity – there were lies, there were damned lies, and there were statistics.

> （《曼徹斯特衞報》，1892 年 6 月 29 日）

很多學者都對 HERS 嗤之以鼻，他們輕易指出 HERS 排名方法及其他方面的缺點（Altbach, 2006a; Dill & Soo, 2005; Downing, 2012）。即使在支持排名的學者中，HERS 也受到質疑及批評，原因各式各樣，從哲理層面到實踐層面都有。每年排名榜公佈時，眾多大學校長都惴惴不安，隨之而來的是媒體極度關注，追問是什麼原因令院校的全球、區域或本地排名在該年度上升或下跌。HERS 的興起，無疑令大學之間的競爭更趨激烈。很多研究員都同意，HERS 及每年公佈的排名或多或少影響所有參與排名的院校（Espeland & Sauder, 2015; Hazelkorn & Ryan, 2013, Rauhvargers, 2014）。人們對 HERS 越有興趣，有關 HERS 的爭論也越多。這些爭論包括各種排名系統的性質、方法及其真確性（Altbach, 2006a; Dill & Soo, 2005; Downing, 2012）。HERS 有不同的參數指標，包括出版及被引用次數、師生比例、國際師生比例、獲獎和成就數量、每名教學人員研究論文數量、網絡知名度、在具影響力期刊上發表的論文數量等（Augillo, Bar-Ilan, Levene & Ortega, 2010）。

爭議及批評

長久以來，高等教育受院校的聲譽等級制度所主導，而這種等級制度延續並強化了 HERS（Locke, 2014; Rauhvargers, 2014）。Marginson（2007）指出，排名反映、確認、鞏固及再現了院校的聲望及權力。排名系統受到批評的原因有很多，包括其主要使用的量化指標、代表教學質數的代用指標，以及只着重英文出版物（Kehm, 2014; Rauhvargers, 2014）。雖然有大量意見爭論「排名」這概念是否正確，但專家普遍認為排名會繼續存在（Downing, 2012; Hazelkorn, 2014）。因此，要討論的重點並不是應否比較大學並為其排名，而是如何比較和排名（Marope & Wells, 2013）。

自 2009 年開始，對 HERS 排名方面的審查大量增加（Baty, 2014）。有關 HERS 最常見的批評是，儘管同行的批評持續加劇，但很多排名系統仍過於依賴不可靠的指標，如聲譽指標（Rauhvargers, 2014）。其他的批評包括：由於文獻計量數據不可靠，使文科、人文學科，很多時還包括社會科學，欠缺排名中的代表性（Hazelkon, 2013）。在經常被大量引用的學術期刊中的引文比重，往往是決定引文影響力的重要指標。這自然有利於某些學科如醫學、自然科學、工程學系，因為這些學科的論文較常發表於會獲大量引用的期刊上（Waltman et al., 2011）。Marginson（2007）認為，某些排名系統用院校國際化的程度為指標，其實這更能反映一所大學的市場推廣成效，而不是其研究員的國際質素。每所院系的國際學生比例是可被操控的（Baty, 2014）。而教學質素、學習成效及教育過程中的「附加值」更是難以被測量（Dill & Soo, 2005; Liu & Cheng, 2005）。由於沒有國際標準定義，不同國家的不同大學之間更是難以有效地比較（Waltman et al., 2011）。Rozman 及 Marhl（2008）還認為不同高等院校所處地區的文化、經濟、歷史脈絡各有差異，亦是問題所在。有些 HERS 的領導層甚

至承認，不管在哪個排名系統、排哪個位置，參與排名的大學、特色可以是迥然不同的（Sowter, 2013）。因此，人們應該時刻意識到排名可能存在偏見，尤其涉及國際層面上的比較，而且必須明確界定各排名榜的主要目的。Scott（2013）闡述排名方法的其他不足之處，並歸納出四個重點：

- 排名數據常用於其他目的，如資源分配
- 財政較充裕的院校能吸引較優秀的學生，很可能導致更高的就業評級
- 缺乏有關教學（大學主要職能）的可靠數據
- 排名系統主觀、蓄意地增加每個排名標準相對價值量的比重

如要按大學的排名來下判斷和決定，應當清楚了解排名榜所採用的方法（Liu, 2013）。Sowter（2013）承認所有對排名的批評都有其道理，但 HERS 確實有助院校變得更透明、加強了問責機制，並為高等教育的表現評估文化作出了貢獻。儘管排名系統面對大量批評和遭受一些大學及院校的抵制，但它已成為決策者及政策制定者廣為採用的參考指標（Hazelkorn, 2014）。反對大學排名引申出其他替代方案，並引發有關高等教育的角色、價值及貢獻的討論（Hazelkorn, 2014）。

HERS 的正面意義

Downing（2013）詳述了大學排名系統的一些正面價值，他認為全球不同的大學排名讓本地及國際準學生可以了解學系與院校的強項及缺點，有助學生及家長認識院校，從而能作出明智的決定（Downing, 2013; Sowter, 2013）。Hazelkorn（2011）認同排名高的院校更容易吸引國際學生。院校排名鼓勵大學教職員更專注於高等教育的核心工作，

即教學、研究及知識轉移；而院校的高級管理人員可藉排名促進各學系之間的競爭，以推動院校的國際競爭力（Locke, 2014）。

排名系統的另一個潛在價值是鼓勵收集並發佈高等教育體系相關的可靠國家數據（Rauhvargers, 2014）。排名是很有用的比較基準，幫助院校決策（Baty, 2014）。排名亦有助院校認真省思，利用比較引文資訊以改善策略，提高研究質量（Downing, 2013）。院校可利用排名表現有所提升作為依據，索取資源；而高排名更能吸引優秀的合作夥伴及更多捐助者（Hazelkorn, 2011）。

較新的院校可利用排名向政府、高等教育界、撥款機構展示其在某些範疇的發展或改進（Downing, 2013）。排名資訊有助各業界決定對高等教育及創新的投資方向（Baty, 2014）。此外，Hazelkorn（2014）指出，由於 HERS 無法準確衡量「質素」，暴露了高等教育資訊的不足，於是引發了有意義的討論 —— 探究高等教育中「質素」、「價值」、「影響」的定義及如何衡量這些指標。

消費者實況

排名對全球高等教育的長遠發展產生了重大影響（Marginson & van der Wende, 2007）。目前有三個排名系統在全球處於相對主導的地位。最早的排名系統是由上海交通大學編制，於 2003 年首次發佈，現稱為世界大學學術排名（Academic Rankings of World Universities, ARWU）。Quacquarelli Symonds（QS）與泰晤士高等教育（Times Higher Education，英文簡稱 THE）合作，於 2004 年首次發表 QS 世界大學排名（QS World University Rankings，英文簡稱 QS WUR）。大約

在 2008 至 2009 年間，兩者結束合作關係。THE 推出了自己的世界大學排名（THE World University Ranking，英文簡稱 THE WUR）。這三個排名系統一般被稱為「三大」，它們都承認全球環境對高等教育系統及院校的影響越來越大，以及潛在消費者也越來越重視那些可識別院校優勢的方法。這些消費者中有人受惠於政府資助，得以接受高等教育，但很多人仍要自費，盡其所能為自己或下一代尋獲最好的教育。

我們幾乎都可在每個生活層面上都作出明智的選擇，這是因為我們有合適的方法去評估所購買產品的質素，從而縮窄選擇範圍，再進一步了解。排名讓準學生及家長更容易獲取有關院校的資訊，有助他們作出選擇。雖然排名榜不一定提供某大學學系學科的優勢與弱點，但在本科層面上，大學的聲譽及排名會影響他們是否進一步了解有關資訊。事實上，在學術界以外（有時候在學術界內部也是如此），人們往往會忽視某院校、學系、學科的優點與缺點，只知道某某畢業於某所排名高的大學。學者、學生、家長和僱主都認知到這一點，隨着越來越多學生在全球各地流動，大學的聲譽日益重要。各院校比較後所得出的地位及排名，便是一所大學的名聲。

在我們身處的社會中，為了不斷提升生產效率及產品質素，競爭是必然的。高等教育與現實世界之間的差異，是否足以讓我們認定高等教育能超越這普世定律？答案當然是否定的。事實上，數百年來，競爭推動研究，人類在競爭環境下推陳出新，蓬勃發展。排名系統及標準幫助我們識別出眾多排名較自己高的院校，並以此為基準進行比較，讓我們洞察世界各地的高等院校如何處理某些問題，採納符合國際標準的最佳做法，同時又確保能迎合本地要求。這有助找出明確、一致認同的表現量化指標，校內院系可據此比較評估教與學、研究及全球化等項目。

排名對高等教育的影響

　　現今已有超過 60 個國家已經推出國家排名，特別是新興國家。現在還有各式各樣的地區、專科及專業排名榜。排名初出現時只是學術活動，現在已演變為地緣政治聲譽競賽的主要推動力（Hazelkorn, 2014）。Rauhvargers（2014; 2013）列舉了一些 HERS 對政策帶來的直接影響：

- 移民政策：例如在荷蘭，移民若畢業自世界排名首 200 位的高等教育院校，可獲特殊待遇，取得「高技術移民」資格
- 資歷認可：擁有位列 ARWU、QS、THE 排名首 300 位外國高等院校頒發的學歷，自動獲俄羅斯聯邦的「389 號決策」（Decision No. 389）承認
- 很多歐盟國家院校正計劃及進行合併
- 院校夥伴資格：2012 年，印度大學資助委員會宣佈，與印度院校簽訂雙邊項目協議的外國大學，必須在 THE 或 ARWU 中排名全球前 500 名

　　Hazelkorn（2014）亦指出學術工作的變化，提倡薪酬應由市場決定，按表現而發放獎金及優厚待遇，以獎勵表現卓越的學者。排名促使大學越來越傾向與同等水平的院校合作，包括組成策略聯盟及專屬大學網絡，例如歐洲研究型大學聯盟（League of European Research Universities, LERU）、Universitas 21（U21，由研究型大學組成、面向 21 世紀的全球大學聯盟）（Kehm, 2014）。HERS 更影響政府政策，使國家體系在垂直分層方面受到微妙影響。Kehm（2014）觀察到另一個稱為「同構」（Isomorphism）的趨勢，即排名較低的院校試圖模仿排名較高的院校，希望藉此提高排名。

排名高的大學備受追捧，屬精英大學，而且通常學費昂貴。大部分就讀這些院校的學生較國內平均人口富裕，會花大量金錢聘請 SAT 補習導師、私人大學顧問、教練，以求獲得全球最佳學院取錄（Mills, 2012）。這些院校力求維持或提升其年度排名，學費以倍數增加（Rauhvargers, 2014）。入讀高等教育的成本正大幅飆升，許多人認為變得過於昂貴（Mills, 2012; Altbach et al., 2009）。高昂的學費也促使院校提供有用的公共資訊以幫助準學生；越趨激烈的競爭變相鼓勵院校投放更多資源在市場推廣上（Scott, 2013）。Altbach 等人（2009）認為，這種財政壓力增長的速度，遠超大部分國家公共收入來源所能應付的。

排名對大學的影響

排名能獲得高等教育、政策及公共領域即時且極大的關注與重視，是因為它能明顯地影響到院校的政策方針（Marginson & van der Wende, 2007），以致 Marginson（2007）質疑，排名系統是否符合高等教育的目的；還是説院校正在改變自己以適應排名標準。高等教育院校越來越難以忽視全球排名（Rauhvargers, 2013）。全球排名對大學、個別大學學系、國家教育體系在本地、區域及全球層面都產生了重大影響。故此，現代大學界不得不承認排名非常重要，並參與其中（Efimova & Avralev, 2013）。

當相互競爭的大學決定提交排名機構要求的數據時，就與 HERS 扯上了關係。排名高的院校必須投放資源保持或提升排名（Rauhvargers, 2013），這使得院校要運用更多策略來提高排名（Rauhvargers, 2013）。Espeland 及 Sauder（2007）視此為一種反應模式，影響機構內的人如何理解事物、如何與排名、其他人及其他院校交流互動。Espeland 及 Sauder 發現兩種主要反應機制，分別是「自我應驗」預言及「相稱比對」（commensuration）：

1. 「自我應驗的預言：對社會指標的反應，證實了測量中的預期或預測，又或藉着鼓勵符合預測的行為，提升了測量的有效性。」（Espeland & Sauder, 2007, p. 11）
2. 「相稱對比：將質素轉化為具有衡量標準的數量，（這）影響我們關注什麼、哪些事物與其他事物有聯繫、我們如何表達異同。」（Espeland & Sauder, 2007, p. 16）

Locke（2014）認為，在分析排名對高等教育院校的影響時，這兩種反應機制都顯而易見。假如大學將排名系統中的某個位置作為院校明確的目標或政策，就會產生自我應驗預言（Locke, 2014）。排名系統簡化了資訊，將資訊抽離相關背景脈絡，以便用特定的方式整合和組織（Hazelkorn, 2014; Scott, 2013），但一些與質素有關的重要訊息必然因簡化及實際需要而遭摒棄（Locke, 2014; Dill & Soo, 2005）。

現今大學於院校的研究方面投入了大量資源，也會招聘全職管理人員與排名機構打交道（Trounson, 2013）。因為較低的師生比率及研究生產力更能獲得大學排名機構青睞，因此某些大學便調整課堂人數、改變學系目標及合併學系（Hazelkorn, 2014）。Locke（2014）提到排名位置對員工士氣的影響，指出排名位置成為僱員的壓力來源，尤其當院校排名表現不合預期時。排名指標的社會政治影響力非常巨大，誘使院校作弊或「搬弄」數據，例如，一個眾所周知的做法是以兼職合約形式聘任星級研究員或諾貝爾得獎者（Hazelkorn, 2013）。大學管治層對院校應該處於排名榜哪個位置，通常都有殷切的期望，有時會對大學管理層施壓（Locke, 2014）。另一個與排名有關的現象是，政策制定與院校管理受媒體強烈影響（Scott, 2018），使大學越來越像商業組織。

排名及世界一流的概念

有些 HERS 聲稱為大學排名是着重於學生的需求（Downing, 2013; Baty, 2014），但明顯地，高等教育體系和大學都受到全球大學排名現象日益加劇的影響（Altbach & Hazelkorn, 2017; Wint & Downing, 2017; Espeland & Sauder, 2015; Locke, 2014; Efimova & Avalev, 2013）。能擠身於排名榜內的，通常是世界一流院校（Marginston, 2013），而一般的看法是，世界一流大學必然對全球知識經濟有所貢獻，並且不可避免地互相競爭。各地政府正積極推行政策，希望在其管轄範圍內建立世界一流院校，這已成為最近的國際趨勢（Wint & Downing, 2017; Hazelkorn & Ryan, 2013; Wang et al., 2013）。

這些措施既存在於具有悠久高等教育歷史的國家，也存在於高等教育體系歷史較短的國家。而後者通常都專注於解決地區和國家的技能短缺問題，並改善入學及就學情況（Hazelkorn & Ryan, 2013; Marginson, 2013）。發展中國家的高等教育體系的社會背景，包括發展人力資源政策、增加學生就學、擴大教學基礎設施和能力、提升區域協作等政策。像非洲這樣的發展中大陸，其高等教育主要採用大眾模式（Ndoye, 2008）。這導致不能配合高等教育的優先緩急事項，可能會越來越忽視個別國家高等教育體系的發展。

大學力求提升排名，排名資訊常用於宣傳，有助吸引國際學生及本地學生（Downing, 2012）。每所大學都想獲得更高排名，教職員希望能與世界一流大學拉上關係（Marginson, 2013; Hazelkorn, 2014）。現今的排名榜不斷壯大，例如上海排名的 ARWU、QS WUR、THE WUR，每個排名都有超過 1,000 所院校。結果，院校越來越難避開 HERS。HERS 越來越多，排名榜的種類亦有所增加，因此大學及其教職員、學生和公眾都有需要了解排名對他們的大學及高等教育體系的影響。

過往的研究指出，高等教育人員要在表現指標獲取更高分數，以為大學爭取更高排名，這給他們帶來額外壓力，不利於員工士氣，導致壓力水平上升（Espeland & Sauder, 2015; Hazelkorn, 2014; Locke, 2014）。這些影響已在不同國家及地區出現，但還沒有任何嚴謹的研究直接比較各地受影響的程度。儘管背景脈絡有異，排名對各地方帶來的影響強弱亦不一而足，這些不同的背景也引致院校的各種反應。

總結

由於高等教育越趨全球化，學者必然會繼續爭論高等教育院校排名的性質及其是否真確可靠（Brooks, 2005; Dill and Soo, 2005; Altbach, 2006b）。迄今為止，大部分支持某種觀點或某個排名系統的論述都着眼於排名過程或標準是否合理有據，卻忽略了排名能否對全球高等教育界帶來好處，只有極少數的研究例外（Marginson, 2007）。然而，也有另一種更正面的觀點認為，雖然排名系統並不總是客觀或公正，但會繼續存在，並且（如果用得其所）是推動院校內部積極變革的絕佳方法，最終會惠及學生及教職員。新的排名文化有一個經常受忽視但顯然易見的好處，就是個別院校有可能得益於排名系統。這種務實觀點支持排名的存在。事實上在現今三大排名系統於 2003、2004、2009 年出現前，排名一早已經存在。究竟排名系統驅使我們的本質漸趨一致，還是純粹提供衡量標準，以比較全球院校的地位？又或是排名為進一步的良性競爭提供誘因？這些問題仍有待解答。但不管答案為何，毫無疑問，「世界一流大學」這個概念對政府、僱主、投資者、校友、學生、申請入學人士和學者來説，益形重要；不確立相對客觀的標準，就很難確定現今哪所大學可稱得上是世界一流大學；而那些具雄心壯志的院校又該如何才能符合標準，成為世界一流大學。只依靠聲望會造成停滯不前，逃避良性競爭，並有可能鼓吹偏頗的自圓其説。所有排名公佈後都必然惹來批評，且人們通常更容易聚焦於不足之處，而不是試圖確定如何利用排

名帶來實質積極的策略變革，從而使所有利益相關者得益，尤其是畢業生及研究成果的質素，兩者正是高等教育努力的終極目標。排名必然不盡完美，總會激發爭論，但同時亦能帶來啟發，很多院校長久以來受制於歷史聲譽，而排名讓院校有機會擺脫這單一因素。

章節概述

第一章介紹本書的主要議題及簡介每章內容，並指出有關 HERS 持續不斷的爭議，包括各排名系統所採用的指標、指標所佔的比重、數據收集方法、以至在哲理層面上對整個大學排名提出的異議。此章強調媒體在此領域的重要性，因為它會影響政府及大學策略，進而影響到高等教育院校的管治人員。本章亦有論及高等教育排名系統潛在的正面影響，這些影響常被忽略，例如排名系統至少為「消費者」提供相對客觀的院校表現衡量標準，而且促使一些大學以更專業的態度評估自身表現。這點可從專門負責院校研究及數據的部門廣泛成立且增長迅速的趨勢中反映出來。

第二章討論 HERS 的發展、出現、持續成功等的背景脈絡，並回顧當代高等教育的普遍動態。高等教育受到一系列全球現象的影響，例如國際化、市場化、國家資助的高等教育日漸私立化，以及新私立大學成立，都令 HERS 蓬勃發展。此外，第二章說明 HERS 出現及擴展的背景。各種高等教育排名系統成功發展，歸因於一個背景，包含了全球化、市場化、消費主義及高等教育快速擴張。此外，第二章還指出，通訊科技的發展令高等教育院校超越國界，排名高的大學尤其渴望獲認可為頂級大學，其中有些是出於財政動機，以爭取國際資金。

第三章主要論述 HERS 發展至今的歷史。雖然排名由來已久，但現今我們熟悉的當代世界排名榜始自 2003 年上海交通大學發佈的世界大

學學術排名（ARWU），這個排名榜成功吸引媒體及公眾的注意，目前已有超過 20 個獨立機構仿效並編制各類全球大學排名。第三章亦指出三個全球 HERS 所採用的方法，這三個 HERS 獲普遍認為是最具影響力的，分別是泰吾士高等教育（Times Higher Education，簡稱 THE）世界排名、Quacqarelli Symonds（QS）世界大學排名、世界大學學術排名（Academic Ranking of World Universities, 簡稱 ARWU）。這一章展示了如何將不同的學科排名及／或以地區為重點的排名，納入世界大學排名中，成為三大排名組合多元化衍生的一部分。現在 HERS 已制定專科大學排名、學科領域／學科排名、特定地區大學排名、創校 50 年以下年輕大學排名。第三章亦討論了國際排名專家團體協會（IREG Observatory on Academic Ranking and Excellence，簡稱 IREG）的發展，該協會的使命是向全球推廣並改善排名的實踐做法。

本書共有三章批判地分析及研究了三大國際高等教育排名榜所採用的方法。第四章為此中的第一章，除了概述三大排名榜的不同評估方法，第四章還詳細評析世界大學學術排名（ARWU）所採用的排名指標，ARWU 於 2003 年由中國上海交通大學首次發表，是三大排名榜中歷史最悠久的。此章綜述對各種 HERS 的一般批評，主要是關於不同排名的性質、排名是否真確有效和排名所採用的方法，並探討哲理及實際層面的異議。此章批判分析 ARWU 所採用的方法、排名結果的透明度及所採用的指標，包括以諾貝爾及菲爾茲獎作為教育及教員質素的指標、以研究員的引用量作為教職員質素的指標、以引文數據庫作為研究成果的指標、人均表現指標。此章討論一個反覆出現的問題：核實所提交數據的可行性。

第五章全面分析 QS 世界大學排名，此排名出現於 ARWU 之後、THE 之前。此章討論 QS 用以編制國際大學排名的方法，重點指出近期的改動、不足之處、受到的顯著批評。雖然 QS 將其世界大學排名定位為專向本地及國際學生提供資訊，但來自大學高級管理層及政府的關

注，仍然有着非常巨大的影響力，故各地政府無疑是 QS 的主要客戶。第五章討論 QS 排名的重要衍生擴展，包括各種新排名，並為新受眾而修改的排名方法。對 QS 世界大學排名的批評涉及其排名方法，主要針對學術聲譽在 QS 排名佔很大比重、衡量聲譽的方式，以及依賴大學提供數據，卻沒有任何實際方法核實所提交的資訊。

第六章與第四章、第五章的模式相似，全面分析了在三大排名中歷史最短的 THE WUR。泰晤士高等教育（THE）多年來一直是大學新聞及世界大學排名的出版商，然而在過去十年中，THE WUR 的業務方式改變。不再與 QS 合作後，THE 自 2009 年開始發表自家的世界大學排名，在 2014 年更進一步包辦院校數據收集及學術聲望調查的工作。在此之前，此兩項工作由湯森路透公司（Thomson Reuters）負責。與 QS 一樣，THE 世界排名從愛思唯爾（Elsevier）的 Scopus 文獻數據庫獲取研究出版數據。泰晤士高等教育世界大學排名（THE WUR）採用的 13 個指標，分為五大重要「學術支柱」：「教學」、「研究」、「引文」、「產業收入」及「國際前景」。與 QS 一樣，THE 推出了幾個新排名，突出了參與大學的各種特點，例如建校時間長短、大學重點、地區等。三大 HERS（QS、THE、ARWU）一直備受批評，不僅是因為其排名方法，還正正因為 HERS 為大學排名。當代對排名方法的研究強調與引文數據庫及每年排名變動相關的許多複雜問題。有些評論者呼籲採用更好的指標來衡量教學及就業能力，而另有評論者呼籲改善數據，使之更真確準繩。第六章認為 HERS 最終只能評估有形、可量化的因素，這必然導致過分依賴以研究成果為指標，而忽略了大學帶來的無形價值。

第七章深入探討全球高等教育的背景，詳述眾多大學如何改變政策及運作，以求在各種排名指標中爭取最佳表現。這章指出排名會影響決策、學術行為、資源分配、國際排名期刊、人事升遷準則、大學組織架構。管理人員、行政人員、學術人員的事業及情緒都受排名影響，獲認為成功或被視作失敗，都會對個人或所屬院校帶來重大後果。第七章認

為，知識是經濟、社會及政治權力的基礎；而知識的定位及傳播，推動了資源型經濟轉變為知識型經濟。因此，為求在全球知識型經濟中有效地吸引人才，各國政府都着意創建世界一流大學。本章探討了世界一流大學的概念，以及其眾多形式和定義。本章認為，「世界一流」一詞已經意味着在某個著名的大學排名系統中排名很高，這為 HERS 創造了使其持續繁榮發展的肥沃土壤。

第八章承接第七章，繼續探討高等教育排名系統的國際背景，研究排名、全球知識型經濟、政治轉變及地理因素對高等教育發展的影響。全球知識型經濟的動力可描述為「推」與「拉」效應，其中「推」涵蓋了經濟、高等教育撥款及學術流動的變化；「拉」是指當代政治對全球知識型經濟的影響。這章詳細討論了美國及英國新管治架構所帶來的改變，以說明這兩個國家的新政府會繼續影響全球高等教育。

第九章綜合總結全書前八章的主題，重回第一章所引用的短語：「謊言、該死的謊言及統計數字」，分析 HERS 的優劣好壞。

參考資料

Aguillo, F., Bar-Ilan, J., Levene, M., & Ortega, J. L. (2010). Comparing university rankings. *Scientometrics*, 85: 243–256.

Altbach, P. G. (2006a). *International higher education: Reflections on policy and practice.* Boston: Center for International Higher Education, Boston College. Retrieved from: www.bc.cdu/content/dam/files/research_sites/cihe/pubs/Altbach_2006_Intl_HigherEd.pdf

Altbach, P. G. (2006b). The dilemmas of ranking. *International Higher Education*, 42: 2–3.

Altbách, P. G., & Hazelkor, E. (2017). *Why most universities should quit the rankings game.* Retrieved from: www.universityworldnews.com/article.php?story=20170105122700949

Altbach, P. G., Reisberg, L., & Rumbley, L. E. (2009). *Trends in global higher education: Tracking an academic revolution.* Paris: United Nations Educational, Scientific and Cultural Organisation.

Baty, P. (2014). The Times Higher Education World University Rankings, 2004–2012. *Ethics in Science and Environmental Politics*, 13(12): 1–6.

Brooks, R. (2005). Measuring university quality. *Review of Higher Education*, 29 (1): 1–21.

Dill, D., & Soo, M. (2005). Academic quality, league tables, and public policy: A cross analysis of university ranking systems. *Higher Education*, 49(4): 495–533.

Downing, K. (2012). Do rankings drive global aspirations? In M. Stiasny, & T. Gore, *Going global: The landscape for policymakers and practitioners in tertiary education* (pp. 31–39). London: Emerald Group Publishing Ltd.

Downing, K. (2013). What's the use of rankings? In P. T. Marope, P. J. Wells, & E. Hazelkom, *Rankings and accountability in higher education: Uses and misuses* (pp. 197–208). Paris: United Nations Educational, Scientific and Cultural Organization.

Efimova, I. N., & Avralev, N. V. (2013). University rankings as a tool to enhance competitiveness, clustering and transnational governance of higher education in the context of globalization. *Middle-East Journal of Scientific Research*, 16(3): 357–361.

Espeland, W. N., & Sauder, M. (2007). Rankings and reactivity: How public measures recreate social worlds. *American Journal of Sociology*, 113: 1–40.

Espeland, W. N., & Sauder, M. (2015). *Engines of anxiety: Academic rankings, reputation, and accountability.* New York: Russell Sage Foundation.

Hazelkorn, E. (2011). *Rankings and the reshaping of higher education: The battle for world-class excellence.* New York: Houndmills.

Hazelkorn, E. (2013). How rankings are reshaping higher education. In V. Climent, F. Michavila, & M. Ripollés, *Los rankings universitarios, Mitos y Realidades.* Tenos.

Hazelkorn, E. (2014). Reflections on a decade of global rankings: What we've learned and outstanding issues. *European Journal of Education*, 49(1): 12–28.

Hazelkorn, E., & Ryan, M. (2013). The impact of university rankings on higher education policy in Europe: A challenge to perceived wisdom and a stimulus for change. In P. Zgaga, U. Teichler, & J. Brennan, *The globalization challenge for European higher education: Convergence and diversity, centres and peripheries*. Frankfurt: Centre for Social and Educational Research.

Kehm, B. M. (2014). Global university rankings: Impacts and unintended side effects. *European Journal of Education*, 49(1): 102–111.

Liu, N. C. (2013). The academic ranking of world universities and its future direction. In P. T. Marope, P. J. Wells, & E. Hazelkorn, *Rankings and accountability in higher education: Uses and misuses* (pp. 23–41). Paris: United Nations Educational, Scientific and Cultural Organisation.

Liu, N. C., & Cheng, Y. (2005). The academic ranking of world universities. *Higher Education in Europe*, 30(2): 127–136.

Locke, W. (2014). The intensification of rankings logic in an increased marketised higher education environment. *European Journal of Education*, 49(1): 77–90. *Manchester Guardian* (1892). 29 June.

Marginson, S. (2007). University rankings, government and social order: Managing the field of higher education according to the logic of the performative present-as-future. In M. Olssen, M. Peters, & M. Simons, *Re-reading educational policies: Studying the policy agenda of the 21st century* (pp. 2–16). Rotterdam: Sense Publishers.

Marginson, S., & van der Wende, M. (2007). To rank or to be ranked: The impact of global rankings in higher education. *Journal of Studies in International Education*, 11: 306–329.

Marginson, S. (2013). Different roads to a shared goal: Political and cultural variations in world-class universities. In Q. Wang, Y. Cheng, & N. C. Liu, *Building world-class universities: Different approaches to a shared goal* (pp. 13–33). Rotterdam: Sense Publishers.

Marginson, S. (2013). University rankings and social science. *European Journal of Education*, 25: 1–15.

Marope, M., & Wells, P. (2013). University rankings: The many sides of the debate. In P. T. Marope, P. J. Wells & E. Hazelkorn, *Rankings and accountability in higher education: Uses and misuses* (pp. 1–7). Paris: United Nations Educational, Scientific and Cultural Organisation.

Mills, N. (2012). The corporatization of higher education. *The College Issue*, 1: 1–9.

Ndoye, M. (2008). Education in Africa: Knowledge makes the difference. In B. Fredriksen & J. P. Tan, *An African exploration of the East Asian educational experience* (pp. 61–79). Washington DC: The World Bank.

Rauhvargers, A. (2013). *Global university rankings and their impact: Report 2.* Brussels: European University Association.

Rauvargers, A. (2014). Where are the global rankings leading us? An analysis of recent methodological changes and new developments. *European Journal of Education*, 49(1): 29–44.

Rozman, I., & Marhl, M. (2008). Improving the quality of universities by world-university-ranking: A case study of the University of Maribor. *Higher Education in Europe*, 33(2): 317–329.

Scott, P. (2013). Ranking higher education. In P. T. Marope, P. J. Wells, & E. Hazelkorn, *Rankings and accountability in higher education: Uses and misuses* (pp. 113–128). Paris: United Nations Educational, Scientific and Cultural Organisation.

Sowter, B. (2013). 10 reasons why the QS academic survey cannot be effectively manipulated. Retrieved from: www.iu.qc.com/2013/04/10 reasons why the qs academic-survey-cannot-be-effectively-manipulated/

Sowter, B. (2013). Issues of transparency and applicability in global university rankings. In P. T. Marope, P. J. Wells, & E. Hazelkorn, *Rankings and accountability in higher education: Uses and misuses* (pp. 55–70). Paris: United Nations Educational, Scientific and Cultural Organization.

Trounson, A. (2013). Universities hire ranking pros. Retrieved from: www.insidehighered. com/news/2013/03/20/australian-universities-dedicate-positions-working-rankings-groups#sthash. X6hhPVOB.dpbs

Waltman, L., Medina, C. C., Kosten, J., Noyons, C. M., Tijssen, R. J., van Eck, J. W. & Wouters, P. (2011). *The Leiden Ranking 2011/2012: Data collection, indicators and interpretation.* Centre for Science and Technology Studies, Leiden University (The Netherlands), pp 791–802.

Wang, Q., Cheng, Y. & Liu, N. C. (2013). *Building world-class universities: A different approach to a shared goal.* Rotterdam: Sense Publishers.

Wint, Z., & Downing, K. (2017). Uses and abuses of ranking in university strategic planning. In K. Downing & F. A. Ganotice, *World university rankings and the future of higher education* (pp. 232–251). IGI Global.

2

高等教育排名系統的
發展脈絡

引言

本章詳述經濟、科技、社會方面的發展如何為全球高等教育排名系統的蓬勃成長持續提供有利的環境。本章探討消費主義的增長、科技進步（特別是資訊及通訊科技）的影響，以及高等教育國際化及越趨私有化的發展，這些因素都為 HERS 的成功奠定了基礎。

急速發展的互聯網、社交媒體及數碼化大大改變了人類行為，使高等教育的國際化及拓展更容易接觸到一群來自世界各地的高等教育消費者。過去 20 年，許多新興經濟體系崛起，尤其是亞洲和其他地區的新興經濟體系，因國內生產總值快速持續增長而日益富裕。在這趨勢下，學生在東南亞、中國、韓國、印度、非洲、南美洲、中東及中亞等經濟體之間的流動增加。其中一些國家，私立教育是常態，導致越來越多私立院校熱切爭取國際學生，以賺取學費。這些學生及其家長可視為高等教育的消費者，能獲取一些相對客觀的資訊，了解其希望前赴的國家和入讀的大學，對他們很有幫助（Altbach, 2007），而這反過來促進了 Downing（2013）所指的「世界一流大學」概念的發展。

因此，只有在 21 世紀消費主義及高等教育的新環境中，才能正確理解 HERS 的崛起（Andersson and Mayer, 2071）。全球化的急速發展引致對高等教育的需求不斷增加，必然會促進大量新大學的成立。現時全球 18,000 所大學當中，16,000 所是在過去約 50 年內成立的。隨着國際高等教育的需求不斷增長、大學數目不斷增加、私立大學的冒起，辦學一致及質素變得至關重要，因此進一步需要一些相對客觀的方法來比較全球的大學。

消費主義、孤芳自賞、科技及通訊

　　科技及通訊發展進步，無疑提高了社會比較不同人類行為的能力，而互聯網的出現及數據傳輸速度增加，造就了 HERS 成為商業案例。在日常生活中各個方面，我們都有合適的方法來仔細檢查產品及服務質素（*The Economist*, 2018; Downing, 2013），例如比較餐館、學校、醫院現在已成為普遍做法（Marope & Wells, 2013）。有些研究人員斷言，這些因素導致了全球趨勢——「推銷」高等教育院校（Scott, 2013），消費者越發渴求比較院校。科技及通訊急速發展，加上一些精明且具商業頭腦的人意識到這是一種與眾不同的商業模式，這些都為 HERS 的發展提供了條件。置身於這脈絡中，客戶（大學）被迫參與排名，否則必受質疑為何沒有在排名中出現。大學的意願亦非常關鍵。大學必然自視為精英，有時甚至孤芳自賞，幾乎與生俱來地渴望獲認同為享負盛名的院校：

> 每一所研究型大學都想提高其排名；很多以教學為主的高等教育院校覺得自己的排名不高。教學人員希望與知名院校拉上關係；學生想獲這些院校揀選。提升是普遍的渴求。

> (Marginson, 2013, 46)

　　20 世紀高等教育（Higher Education，簡稱 HE）急速擴張（Schofer & Meyer, 2005），大眾對高等教育的需求大幅增加，進一步推動高等教育排名系統（Higher Education Ranking Systems，英文簡稱 HERS）成功發展（Altbach, 2006a; Dill & Soo, 2005）。排名系統根據高等教育體系及高等教育院校在全球的相對地位，衡量比較，從而在大多數國家引入高等教育院校間競爭的概念，成為了新的範式（Altbach, 2006a）。國際排名的影響非常巨大，因為不管其規模、目的或局限，很多人都認為排名能相對客觀地衡量院校質素。而不同排名榜中大學的名次都類近，進一步令排名的結果變得合理（Ordorika & Lloyd, 2013）。

HERS 影響很多人的判斷及決定，包括大學領導者、教員、準學生及其家長、國家政策制定者及監管者、業界及慈善投資者（Wint and Downing, 2017; Hazelkorn, 2013; Altbach 2006b）。一般認為，排名高的院校比排名較低的院校更有生產力，教學及研究質素更佳，對社會的貢獻更大（Toutkoushian, Teichler, & Shin, 2011）。因此，大學常常將 HERS 用作宣傳，以爭取稀缺的國際經濟及人力資源（Dill & Soo, 2005）。再者，高等教育排名系統是某項精選「產品」的重要資訊來源，消費者會投放大量時間和金錢在此，而有關這項產品的其他資訊卻少之又少（*The Economist,* 2018）。因此，HERS 成為了評估大學卓越性的工具，儘管當中存在爭議。

全球化

全球化一直在推動知識密集產業的變革（Hazelkorn, 2013）。Downing（2013）及 Hazelkorn（2013）兩者皆認為全球化及世界市場趨向一體，導致人們更關注高等教育排名系統。知識型社會爭相延攬人才，而高等教育排名系統有助確立競爭優勢。全球經濟發展迅速，知識往往視為競爭優勢的基礎（Ince, O'Leary, Quacquarelli, & Sowter, 2015），現時全世界有超過 18,000 所大學，為高等教育創造了一個競爭非常激烈的全球環境（O'Loughlina, MacPhail, & Msetfi, 2013）。

Evans et al.（2011）將全球化定義為當代生活各方面聯繫的擴散，從文化到刑法、從金融到精神層面。事實上，全球化受以下各因素影響：日益一體化的世界經濟、嶄新的資訊及通訊科技、國際知識網絡出現、英語的地位、學術機構不能控制的其他因素（Altbach, Reisberg, & Rumbley, 2009）。各方面的聯繫不斷擴大，結合社會、經濟及文化的變化，這與排名系統蓬勃發展的狀況相呼應，目前已有四十多個國家建立了排名系統（Wint and Downing, 2017）。思想、學生、教員、資

金跨境流動，加上資訊及通訊科技發展，都持續改變高等教育的環境（Kärkkäinen & Lancrin, 2013）。

全球化是既定事實，是好是壞已不再重要，高等教育不能置身於全球化的進程以外（van Rooijen, 2014）。Knight（2008）指出全球化的五個重要元素：

1. 知識型社會：知識的生產及運用，在為國家創造財富方面益形重要
2. 資訊及通訊科技：資訊及通訊科技及系統的新發展
3. 市場經濟：全球市場經濟的數目增加，其影響力亦提升
4. 貿易自由化：新的國際及地區貿易協議簽訂，減少貿易障礙
5. 管治架構改變：出現新的國際管治架構及體系

國際化

Teichler（2004）認為，在高等教育的背景下，「全球化」一詞已為「國際化」所取代。「國際化」一詞用來描述任何與高等教育有關的跨地域現象，或任何與高等教育有關的全球現象，而市場競爭是高等教育的特徵。國際化並非指校園內有大量國際學生，而是學科的徹底變革，教學與研究掙脫任何個別文化知識傳統的掣肘與認可（Ping, 1999）。因此，國際化並不是全球化的同義詞，而是一個過程，是對全球化的回應，既包含本地元素，也包含國際元素（de Wit, 2010）。Knight（2008）對此的總結或許最為精準：

國際化正在改變高等教育的世界，而全球化正在改變國際化的世界。

(1)

高等教育的國際活動並不被視為系統化和嵌入式的常規系統活動（Teichler, 2004）。事實上，高等教育國際化策略通常取決於課程與市場及社會的關係。教師培訓課程的國際化策略可能與牙醫學院或商學院的國際化策略迥然不同，策略亦可因水平而異：博士、碩士、學士（de Wit, 2010）。國際化還可以採用多種形式，包括聯合教授的課程和學位、大規模開放式網上課程（massive open online courses, MOOCs）、合作研究項目、學生交流。但增加國際化項目可能耗資巨大，而且不一定產生有利結果（Tadaki & Tremewan, 2013）。文化承傳消失、語言多元、學術文化漸趨單一、質素下降等議題已引起關注（Teichler, 2004）。然而，Teichler 認為，國際化學者往往相信國際化帶來的良好機遇多於其產生的威脅。發展中國家及發達國家的高等教育體系都在竭力調整其結構，以更好地應對全球化帶來的挑戰與機遇（Meyer, Bushney & Ukpere, 2011）；與公共部門比較，私立院校能更快應對全球化帶來的多種商機，有時人們認為公營機構主要是為國家體系提供服務（van Rooijen, 2014）。

以下是 Knight（2008）定義的全球化五個要素，這五個要素影響高等教育國際化，亦帶來發展機遇與挑戰。Knight（2008）列出這五個要素對高等教育國際層面的影響：

1. 知識型社會
   新型私立及公立辦學機構跨越國界提供教育培訓課程，例如：私營媒體公司、公立 / 私立院校聯盟、企業大學、跨國企業；推出的課程更切合市場需要；為小眾市場、專業發展開辦專業培訓課程，且向全球推廣；學生、學者、教育 / 培訓課程、研究、課程提供者和項目的國際間流動增加，流動形式可以是實體或虛擬的。

2. 資訊及通訊科技

   採用創新的國際教學模式，包括電子學習、特許經營。分校需要加倍留意課程／課程提供機構的認證、認可更多資歷。

3. 市場經濟

   就課程結構及教材是否適用於不同文化／國家提出新疑慮；單一化及多元化的新潛力不斷湧現。

4. 貿易自由化

   以商業為導向引入和輸出的教育課程越受重視；國際發展項目的重要性持續下降。

5. 管治

   需要考慮新的國際／地區架構如何配合國際及地區政策和做法，特別是在質素保證、資格認證、學分轉移、資歷認可、學生流動方面。

高等教育日益國際化

高等教育學者越發傾向打破實質的地域界限，放眼於更大的國際市場（Marginson, 2007）。大學特定內部情況、大學類型、大學在國內的定位都是影響國際化策略的背景因素（de Wit, 2010）。Knight（2008, 21）將國際化定義為「國際、跨文化或全球因素融合專上教育的目的、功能或實施的過程」。院校選擇國際化的原因有很多，大致可按性質分為政治、經濟、學術或社會及文化原因（de Wit, 2010）。

Healey（2008）認為，很多歐洲最傑出的學府一開始已經全球化，於 15、16 世紀建校時是神學院，吸引了整個中世紀西方世界的學者。學生群體的國際化，而並非教職員或研究與教學的國際化，導致人們認為大學在定位上開始模仿企業（Healey, 2008）。過去 10 年，學生在原

藉國或原住國以外的地方度過全部或部分高等教育生涯的機會急劇增加（Altbach et al., 2009）。經濟合作暨發展組織（The Organisation for Economic Co-operation and Development，英文簡稱 OECD）發佈的數據顯示，從 1990 年至 2015 年，在原藉國以外院校就讀的學生人數增加了兩倍（ICEF Monitor, 2015）。估計到 2025 年，國際流動學生將達到 800 萬（OECD, 2017; Gibney, 2013）。2011 年至 2020 年間，全球高等教育入學總人數預計將增長 2,100 萬（British Council, 2012）。國際留學生目前主要集中在美國、英國、澳洲、法國、德國、俄羅斯、日本及加拿大，這些國家共佔了國際學生總數的 60%。

國際學生流動的好處包括：為院校帶來更多資金及強大的全球校友網絡；學生能獲得優質及文化多元的教育；為政府持續帶來技術移民（Gibney, 2013）。普遍認為，國際見識及經驗能培育更多具視野及洞察力的畢業生及學者，使他們更有能力應付全球化的社會（Altbach et al., 2009）。一些與學生流動有關的問題仍有待解決，例如有些外國院校提供低劣、甚至虛假的學術服務。跨國院校不受監管，其教學質素成疑；有些國外院校可能推行不合適的課程或教學方法，使問題更形複雜。結果有些國際學生在國外獲得學位或學分很難獲得承認（Altbach et al., 2009）。國家體系之間的結構性障礙始終是國際合作及學生流動的潛在障礙，但這些障礙也為學生提供了從新環境中學習的機會，這新環境可能與國內環境截然不同（Teichler, 2004）。

英國文化協會（2012）預測，在未來數十年，國際學生的流動將趨於穩定，而國際合作的研究及教學的數量將日益突出，歐洲及亞洲主要新興留學目的地、跨國教育撥款都有着類似的擴展趨勢（OECD, 2017）。資訊及通訊科技在這些趨勢中發揮了重要作用，OECD 發現在 2017 年，跨國網上學生人數有 1,300 萬（OECD, 2017）。

專上院校的國際協議數量激增，這些協議內容通常包括長期及短期教員交流、國際獎學金及研究金計劃，以及其他合作項目，每年讓全球無數學者在海外從事研究工作（Altbach et al., 2009）。國際營運的課程及高等教育院校數目上升，其中包括在海外設立校舍、共同頒發資歷及聯合聘任教學人員的雙邊合作關係（Gibney, 2013）。英國文化協會（2012）指出，約有三分之一的全球學術研究是以國際合作的方式進行的。2016 年，有 22% 的科學及工程論文是國際合作撰寫的，高於 2003 年的 16%（*The Economist*, 2018）。此外，從 2000 年到 2014 年，美國每年頒授的博士學位數量增加了 50%，英國增加了一倍，中國增加了五倍。這些數據都突顯了國際網絡的規模和重要性（*The Economist*, 2018）。

質素保證及一致性

De Wit（2010）認為，伴隨着國際排名系統誕生對國際化的重視不斷增加，要求學生、教職員、院長、高等教育管理層和國家政府承擔責任。此外，要求質素保證也是高等教育的重要議題，這包括國際化進程、課程及項目。評審、排名、認證、審計、基準已日益成國際高等教育議程上的重要項目，對質素保證的關注，令正式（即非定性）標準化措施迅速擴展，同時要求在流動的情況下促進認可（de Wit, 2010; Teichler, 2004）。院校要找方法持續監察國際化及收集資訊，任何有明確目的及目標的措施都有助提供必要資訊，以分析優勢和有待改進的地方（Knight, 2008）。已行或現行的正式質素及基準措施包括：1997 年里斯本公約（Lisbon Recognition Convention of 1997）、1999 年波隆納宣言（Bologna Declaration of 1999）及歐洲學分轉移系統（European Credit Transfer System, ECTS）（Teichler, 2004）。這些機制都表明，假若一名留學生在海外修讀一個與本國類近的課程，基於對海外課程的質

素與本國一致的信任，他在海外的學習應該獲承認，而不需要再詳細評估其質素水平（Teichler, 2004）。

正如前述，國際化的各方面都帶來挑戰，在某些情況下，國際化本身又造成新的障礙。Altbach et al.（2009）認為，現時全球化高等教育非常不平等，這是最令人不安的特點。世界最富裕國家的精英大學對國際學術標準、院校管理模式和教學方法的發展具有不成比例的影響力。這些大學擁有巨額預算、充裕資源、大量人才等相對優勢，有助延續某種歷史模式，使其他大學（尤其是在較不發達國家的大學）處於明顯劣勢（Altbach, 2004）。

Knight（2015, 110）將國際大學分為三種模式，試圖區分所採用的方法，並闡明「國際大學」的概念。

1. 第一種模式稱為典型模式，指一所院校在國內外開展多種活動及合作夥伴關係，涵蓋廣泛的跨文化及跨國學術、研究、管理及服務舉措。

2. 第二種是衛星模式，指院校集中發展校外研究中心、國際分校（international branch campus，英文簡稱 IBCs）以及校友聯繫、招生或諮詢辦事處。

3. 第三種是最新發展出來的國際合作模式，指兩個或以上的國際合作夥伴，共同創辦或共同發展新的獨立院校。國際化面對的限制主要與國際合作模式有關，包括管治模式、跨文化夥伴關係、評審認證、資歷頒授、人事編制、語言、院校所在地的法規、可持續性。

大學在學生、教職員、國際合著方面日益國際化，這是 HERS 中的共通部分之一（Yat Wai Lo, 2014; Downing, 2013; Marginson, 2007）。當代高等教育國際化使研究項目、學生流動、高等教育產品可以跨地域

合作，（de Wit, 2010; Taylor & Braddock, 2007），這是排名競賽中弔詭又有趣的特點：排名競爭某程度上受到國族主義推動，卻又在促進跨越國界的國際高等教育界發展（*The Economist*, 2018）。

高等教育市場化和私有化

大學對國家及國家經濟貢獻良多，不僅為不同產業提供技術人才，還創造就業、吸引投資、創造稅收（Nizar, 2015）。按購買力平價（purchasing power parity，英文簡稱 PPP）計算的人均國內生產總值與高等教育總入學率的關係非常密切，這說明經濟增長對推動未來高等教育需求非常重要。人均國內生產總值水平上升，高等教育總入學率也會上升。這在統計上顯然易見，但更重要的是，在購買力平價人均國內生產總值較低的情況下，相對較小的人均國內生產總值增幅會使高等教育總入學率有較快的增長（British Council, 2012）。

經濟動機，包括增長和競爭力、國家教育需求、勞動市場和經濟誘因，已成為當今經濟全球化的首要因素（de Wit, 2010）。Lee（2004）認為，在經濟全球化的同時，福利國家縮減，取而代之的是新自由主義國家，透過削減社會開支、放寬經濟規管、減少資本稅、私有化及增加勞工靈活性來提升國際競爭力。因此，大學在國有及私人界別開拓收入來源，以確保其收入，這種結構調整重新釐定大學、國家、市場三者的關係，並且大幅削弱了院校的自主權（Schugurensky, 1999）。

財務問題一直影響着教學及研究活動（British Council, 2012），但經濟並不是唯一因素，決定院校如何運作及向學生收取什麼服務費用；最大的影響因素是院校日趨企業化（Mills, 2012）。由於競爭已成為許多社會機構的推動力，新自由主義影響工具性調整，如成本轉移及分擔，並從根本上改變了政策制定及服務供應的管治理念（Yat Wai Lo, 2014）。

Teichler（2004）注意到，政府減少對高等教育的直接監管及控制，並試圖透過設定目標及按表現撥款來增加對高等教育影響，這是一個漸進的過程。「按表現付款」是這種策略的核心組成部分，將財政援助與大學表現掛鉤（Nizar, 2015）。有些國家如丹麥、芬蘭、挪威、比利時、瑞典的國家高等教育撥款也採用表現指標（Hicks, 2012）。強調表現直接導致大學重新思考其與國家及學生的關係。就高等教育界與國家的關係來說，高度重視表現產生了一種規管文化及模式（Yat Wai Lo, 2014）。

HERS 出現前的學術狀況

那麼，在排名出現前，消費者如何判斷大學質素？Andersson 及 Mayer（2017）認為，在正常學科知識以外，衡量一所大學的唯一「標準」是其聲譽，但聲譽與其歷史背景有關，而非現況。老牌知名大學不可能「輸」，而新大學不可能「贏」，也不可能獲得認可，除了有限的「口碑」推薦之外，雖然這樣可以建立聲譽，但需時甚久，因為獲得聲譽必然較失去聲譽要難得多。

Sawyer et al.（2009）認為「老牌大學」的價值是內在且無形的。舊式大學模式所追求的無形價值，主要體現在思想自由和對更高層次的知識追求。這些無形價值通常無法衡量，因為這些價值大多是相對而非絕對。一個人的自由往往代表對另一個人的限制，而無形價值無法在市場上交易。以與別不同、獨立自主為特點的舊式大學已變得僵化。Sawyer et al.（2009）指出舊式大學轉型的一些原因：

- 這些院校不能配合政府的要求培育更多學生
- 這些院校不能迅速回應學生對與市場相關課程的需求
- 決策緩慢，且不問責

- 缺乏由上而下的問責制度
- 利益相關者的角色界定不清，大學的表現通常無法衡量

　　當代大學往往像沒有股東的公司，有時在政府補貼不斷減少的情況下營運，並試圖在供過於求的市場中獲取最多的銷售額。學生的需求尤其重要，需求的決定因素成為大學的決定因素。院校轉型的結果是大學現時常受制於金錢價值，而非無形價值（Sawyer, Johnson & Holub, 2009）。由於高等教育很注重地位，將學生視為顧客，並且越來越依賴自上而下的管理，現今的高等教育模式已變為營運成本高昂且難以改革（Mills, 2012）。

私立院校的崛起

　　私立院校變得越來越重要，而且公共部門傾向私有化，兩者是重要的國際趨勢（Altbach et al., 2009; Havergal, 2015）。隨着高等教育需求增加，尤其是在印度、巴西及中國等國家，現有大學私有化或建立新私立院校的需求也在增加。最貧窮的非洲國家的情況更為嚴峻（Havergal, 2015）。自 1991 年到 2006 年，學生人數增加了四倍，而使用的公共資源增幅不超過 75%（Okebukola, 2013; Ndoye, 2008）。世界銀行估計，非洲地區的高等教育學生總數中，有 24% 就讀於私立院校（Havergal, 2015）。

　　為應付當地社區不斷增加的社會需求，地位較低的院校急速擴展，新院校也不斷湧現（Hawkings, 2008）。這解釋了高等教育的資金來源變得多元化，可以是來自私人或非國家參與者（Yat Wai Lo, 2014）。非傳統模式的資金來源更普遍及重要，例如損贈基金、教學研究服務商品化、優惠利率貸款、富豪及慈善機構捐款（Yat Wai Lo, 2014）。私有化趨勢並不限於發展中國家，在發達國家也越來越普遍（Pouris & Ho,

2014; Havergal, 2015）。現時，全球高等教育學生數量約有 30% 就讀私立院校（Altbach et al., 2009）。Altbach et al.（2009）將其私有化的概念解釋為：

> 院校及體制必須賺取收入，以支付營運（至少得應付部分營運）。正如在本趨勢報告中所論，私有化可包括：向學生收取較高的學費或其他費用，讓學生分擔部分教育成本。私有化亦可以是藉很多不同途徑賺取收入，包括顧問服務、出售各種知識產權、大學與業界合作產生收入、出租大學物業等等。
>
> （87）

高等教育日漸私有化及商品化，促使推出更多與業界相關及需求更多的課程，以求為學生帶來金錢及非金錢效益（Choa, 2013），特別是工商管理、會計、電腦科學及經濟等學科（Havergal, 2015; Choa, 2013）。Marginson 及 Rhoades（2002）認為，地方、國家或全球高等教育參與者並不需要以單一線性模式互動，他們的運作可能較為複雜，令大學在服務地方社區的同時，能邁向國際。院校的學術部門、院校及體制層面的機關可以視為各種自主細胞，能夠在互有關連的複雜網絡內，同時在本地、國家及／或全球層面運作（Jones, 2008）。

將「利潤」視作重要教育目標的潛在危險在於，辦學者傾向開辦不需太多基建投資及成本較低的課程，這使醫科、工程學等極其重要的學科處於弱勢（Havegal, 2015）。此外，高等教育採用商業模式，強調提高教學質素（Bok, 2003）及自我評核，以此作為質素保證的需求增長（Bok, 2003）。有些國家的政府不能引入質素保證制度，又或就算能引入，卻缺乏資源，難以恰當地執行（Havergal, 2015）。再者，商業模式亦影響着院校的內部運作。Sawyer et al.（2009）解釋，當院校變得像一家企業，學術人員、學生、管理層及行政人員之間的契約或人際交往就會發生變化。兩個主要原因導致企業大學與學生的學術契約明顯轉

變。首先，現今的教育是商品，而且是日益標準化的商品，標準化削約學者的酌處權；其次，大學管理層視學生為付費客戶，學術人員必然要對學生負責（Sawyer et al., 2009）。

學生人數暴升及教學職務大增導致行政工作增加，就像與學生的契約一樣，學術人員與行政人員之間的隱含契約關係換轉，學術人員要對越來越多的行政人員負責（Mills, 2012）。高等教育新自由主義狀況的變化之一是，行政人員增加，學術人員減少（Lee, 2004）。從教學和研究中抽出時間來專門做幾年行政工作的教授越來越不合時宜（Mills, 2012）。

Sawyer et al.（2019）認為，學術人員把工作分判予行政人員，已達到過分依賴行政人員的程度。行政人員較學術人員更熟知大學的程序及資訊，致使行政人員當上了決策者。從 1998 到 2008 年，私立學院的教學開支增加 22%，行政及支援人員的開支卻增加 36%（Mills 2012）。在澳洲八校聯盟中，現時每名學術人員與行政人員的比例至少是 1:1.3（Sawyer et al., 2009）。

最重大的關係轉變或許是管理與學術分家。現時有兩類學術人員：一類專注行政管理而放棄教學與研究；另一類則繼續教學與研究。很少學術人員了解管理決策所依據的資訊，而學術人員也要對管理負責（Sawyer et al., 2009）。

昂貴的高等教育生意

現時，大學要以更少補貼培養更多學生，達至更高的水平（Altbach et al., 2009）。Kuo（2019）指出，高等教育是一盤昂貴的生意，由精英高等教育轉變為大眾高等教育，代價極其昂貴，且加劇了大學爭奪有限的公共資源。大學結構變為管理主義，同時削弱了合作精神。個別高等教育院校成為強大的策略行動者，他們建立一套管理系統，特點為院

校領導層擁有更強大的行政權力（Teichler, 2004）。當體系的價值觀改變，便很難維持一貫操守（Sawyer et al., 2009）。Bok（2003）認為管理主義增強會有以下的情況出現：公司贊助的研究變得不透明、研究結果帶有偏見或受到損害、將校外課程等項目視為非主流學術內容（Bok, 2003）。

高等教育結構轉變藉着文化傳播及體制同形化而遍及全球（Lee, 2004），但 Lee（2004）不同意所有院校都具相同特徵，因為在面對全球影響時，可以由於政治經濟、國家文化、個別教育體系結構特徵等原由而有不同的應對。有關牟利教育的研究顯示，市場化及私有化令高等教育更有效率、加強問責制，且較不官僚主義（Susanti, 2011）。市場化和私有化讓大學可以按目的自由地調配盈利，而目能更容易把科學發明轉化為有用（及具市場價值）的產品（Bok, 2003）。

總結

本章討論了影響當代全球高等教育的外部（宏觀層面）因素，概述了國際化、市場化及私有化等議題。世界日益全球化，通訊科技的發展令高等教育院校可以跨越國界（*The Economist*, 2018; Havergal, 2015; British Council, 2012）。此外，大學越來越追求盈利（Havergal, 2015; Yat Wai Lo, 2014; Chao, 2013），隨着高等教育的需求增加，政府、公立及私立大學努力滿足此需求（Havergal, 2015; Okebukola, 2013）。過去十年，私立院校急促增長，被視之為提供更多高等教育機會的必要條件，因為現有的高等教育院校越來越依賴各種資金來源，以彌補國家資金減少的影響（Nizar, 2015; Choa, 2013）。

由於要加強對全球及本地的財務支持者問責，高等教育更着重表現效益，這是頗新的文化現象。眾多管治策略推出，以配合本地議程及滿

足全球的期許（Nizar, 2015; Bok, 2003）。高等教育排名系統（HERS）興起，日漸成為高等教育的代表。很多人視高等教育排名系統是高等教育新自由主義企業化的最新體現，市場力量支配了研究及教學，加劇知識商品化，並且不斷增加生產的壓力（Castree & Sparke, 2000）。

下一章將會討論從 1962 年至今，排名系統最初在美國和英國的歷史和擴展情況，追溯 HERS 從國內起源到全球風行的發展歷史。

參考資料

Altbach P. G. (2007). Globalization and the university: Realities in an unequal world. In J. J. F. Forest & P. G. Altbach, *International Handbook of Higher Education* (pp. 121–139). Dordrecht: Springer.

Altbach, P. G. (2004). Globalisation and the university: Myths and realities in an unequal world. *Tertiary Education and Management*, 10(1): 3–25.

Altbach, P. G. (2006a). *International higher education: Reflections on policy and practice.* Boston: Center for International Higher Education, Boston College. Retrieved from: www. bc.edu/content/dam/files/research_sites/cihe/pubs/Altbach_2006 _Intl_HigherEd.pdf

Altbach, P. G. (2006b). The dilemmas of ranking. *Center for International Higher Education*, 42: 2–3.

Altbach, P. G., Reisberg, L. & Rumbley, L. E. (2009). *Trends in global higher education: Tracking an academic revolution.* Paris: United Nations Educational, Scientific and Cultural Organisation.

Andersson, B. & Mayer, T. (2017). University rankings: Was academic life perfect before rankings? In K. Downing & F. A. Ganotice, *World university rankings and the future of higher education* (pp. 70–86). IGI Global.

Bok, D. (2003). *Universities in the marketplace.* Princeton, NJ: Princeton University Press.

British Council (2012). The shape of things to come: Higher education global trends and emerging opportunities to 2020. Retrieved from: www.britishcouncil.org/sites/brit ishcouncil.uk2/files/the_shape_of_things_to_come_-_higher_education_global_trends_ and_emerging_opportunities_to_2020.pdf

Castree, N. & Sparke, M. (2000). Professional geography and the corporatization of the university: Experiences, evaluations, and engagements. *Antipode*, 32(2): 222–229.

Choa, R. Y. (2013). Is there a limit to higher education's privatisation?www. universityworldnews.com/article.php?story=201309171610270

de Wit, H. (2010). Internationalisation of higher education in Europe and its assessment, trends and issues. *Nederlands-Vlaamse accreditatieorganisatie*: 1-27. Retrieved from: www.eurashe. eu/library/modernising-phe/mobility/internationalisation/WG4%20R%20 Hans%20de%20Wit%20Internationalisation_of_Higher_Education_in _Europe_DEF_ december_2010.pdf

Dill, D. & Soo, M. (2005). Academic quality, league tables, and public policy: A cross analysis of university ranking systems. *Higher Education*, 49(4): 495–533.

Downing, K (2013). What's the use of rankings? In P. T. Marope, P. J. Wells, & E. Hazelkorn, *Rankings and accountability in higher education: Uses and misuses* (pp. 197–208). Paris: United Nations Educational, Scientific and Cultural Organization.

Evans, P., Pucik, V. & Bjorkman, I. (2011). *The global challenge: International human resource management* (2nd ed.). New York: McGraw-Hill.

Gibney, E. (2013). A different world. Retrieved from: www.timeshighereducation.co.uk / features/a-different-world/2001128.article

Havergal, C. (2015). Africa's 'teaching shops': The rise of private universities. Retrieved from: www.timeshighereducation.com/features/africas-teaching-shops-the-rise-of-private-universities

Hawkings, J. (2008). Higher education transformation: Some trends in California and Asia. *Policy Futures in Education*, 6(5): 532–544.

Hazelkorn, E. (2013). How rankings are reshaping higher education. In V. Climent, F. Michavila & M. Ripollés, *Los rankings universitarios, Mitos y Realidades*. Tenos.

Hazelkorn, E. & Ryan, M. (2013). The impact of university rankings on higher education policy in Europe: A challenge to perceived wisdom and stimulus for change. In P. Zgaga, U. Teichler & J. Brennan, *The globalization challenge for European higher education: Convergence and diversity, centres and peripheries*. Frankfurt: Centre for Social and Educational Reserarch.

Healey, N. M. (2008). Is higher education really internationalising? *Higher Education*, 55: 333–355.

Hicks, D. (2012). Performance-based university research funding systems. *Research Policy*, 41(2): 251–261.

ICEF Monitor (2015). The state of international student mobility in 2015. Retrieved: http://monitor.icef.com/2015/11/the-state-of-international-student-mobility-in-2015/

Ince, M., O'Lcary, J., Quacquarelli, N. & Sowter, B. (2015). *QS Top universities guide 2015* (10th cd.). United Kingdom: QS Quacquarelli Symonds Limited.

Jones, G. A. (2008). Can provincial universities be global institutions? Rethinking the institution as the unit of analysis in the study of globalization and higher education. *Higher Education Policy*, 21(4): 457–468.

Kärkkäinen, K. & Lancrin, S. V. (2013). Sparkling innovation in STEM education with technology and collaboration: A case study of the HP catalyst initiative. Retrieved from: www.occd.org/officialdocuments/publicdisplaydocumentpdf/›cote=EDU/WK/%282013%296& docLanguage-En

Knight, J. (2008). Higher education in turmoil: The changing world of internationalization. *Global Perspectives on Higher Education*, 13: 1–37.

Knight, J. (2015). International universities: Misunderstandings and emerging models? *Journal of Studies in International Education*, 19(2): 107–121.

Kuo, W. (2019). *Soulware: The American way in China's higher education*. John Wiley & Sons.

Lam, J.S.I. (2017). The consequences of ranking: theory and reality. In K. Downing & F. A. Ganotice, *World university rankings and the future of higher education* (pp. 70–86). IGI Global.

Lee, M. N. (2004). Global trends, national policies and institutional responses: Restructuring higher education in Malaysia. *Educational Research for Policy and Practice*, 3: 31–46.

Marginson, S. (2007). University rankings, government and social order: Managing the field of higher education according to the logic of the performative present-as-future. In M. Olssen, M. Peters, & M. Simons, *Re-reading educational policies: Studying the policy agenda of the 21st century* (pp. 2–16). Rotterdam: Sense Publishers.

Marginson, S. (2013). Different roads to a shared goal: Political and cultural variations in world-class universities. In Q. Wang, Y. Cheng & N. C. Liu, *Building world-class universities: Different approaches to a shared goal* (pp. 13–33). Rotterdam: Sense Publishers.

Marginson, S. (2013). University rankings and social science. *European Journal of Education*, 49(1): 1–15.

Marginson, S. & Rhoades, G. (2002). Beyond national states, markets, and systems of higher education: A global agency heuristic. *Higher Education*, 43(3): 281–309.

Marope, M. & Wells, P. (2013). University rankings: The many sides of the debate. In P. T. Marope, P. J. Wells & E. Hazelkorn, *Rankings and accountability in higher education: Uses and misuses* (pp. 1–7). Paris: United Nations Educational, Scientific and Cultural Organisation.

Meyer, M., Bushney, M. & Ukpere, W. I. (2011). The impact of globalisation on higher education: Achieving a balance between local and global needs and realities. *African Journal of Business Management*, 5(15): 6569–6578.

Mills, N. (2012). The corporatization of higher education. *The College Issue*, 1: 1–9.

Ndoye, M. (2008). Education in Africa: Knowledge makes the difference. In B. Fredriksen & J. P. Tan, *An African exploration of the East Asian educational experience* (pp. 61–79). Washington DC: The World Bank.

Nizar, M. A. (2015). Higher education governance and performance based funding as an ecology of games. *Higher Education*, 69: 289–302.

Okebukola, P. A. (2013). An African perspective on rankings in higher education. In P. T. Marope, P. J. Wells & E. Hazekorn, *Rankings and accountability in higher education: Uses and misuses* (pp. 130–141). Paris: United Nations Educational, Scientific Cultural Organisation.

O'Loughlina, D., MacPhail, A. & Msetfi, R. (2013). The rhetoric and reality of research. Studies in *Higher Education*, 40(5): 806–820.

Ordorika, I. & Lloyd, M. (2013). A decade of international university rankings: a critical perspective from Latin America. In P. T. Marope, P. J. Wells & E. Hazelkorn, *Rankings and accountability in higher education: Uses and misuses* (pp. 209–234). Paris: United Nations Educational, Scientific and Cultural Organisation.

Organisation for Economic Co-operation and Development (OECD) (2017). *Education at a glance 2017.* Paris: OECD Publishing. Retrieved from: www.occd-ilibrary.org/educa tion/ education-at-a-glance-2017_cag-2017-en

Ping, A. (1999). From proletarian internationalism to mutual development: China's cooperation with Tanzania. In G. Hyden & R. Mukandala, *Agencies in foreign aid* (pp. 156–201). London: Palgrave Macmillan.

Pouris, A. & Ho, Y. S. (2014). Research emphasis and collaboration in Africa. *Essays Innovate*, 9: 1–5.

Sawyer, K. R., Johnson, J. & Holub, M. (2009). Decline in academe. *International Journal for Educational Integrity*, 5(2): 10–28.

Schofer, E. & Meyer, J. W. (2005). The worldwide expansion of higher education in the twentieth century. *American Sociological Review*, 70: 898–920.

Schugurensky, D. (1999). Higher education restructuring in the era of globalisation: Toward a heteronomous model? In R. F. Arnove & C. A. Torres, *Comparative education: The dialectic of the global and the local* (pp. 283–304). Lanham: Rowan and Littlefield.

Scott, P. (2013). Ranking higher education. In P. T. Marope, P. J. Wells & E. Hazelkorn, *Rankings and accountability in higher education: Uses and misuses* (pp. 113–128). Paris: United Nations Educational, Scientific and Cultural Organisation.

Susanti, D. (2011). Privatisation and marketisation of higher education in Indonesia: The challenge for equal access and academic values. *Higher Education*, 61(2): 209–218.

Tadaki, M. & Tremewan, C. (2013). Reimagining internationalization in higher education: International consortia as transformative space. Studies in *Higher Education*, 38(3): 367–387.

Taylor, P. & Braddock, R. (2007). International university rankings systems and the idea of university excellence. *Journal of Higher Education*, 29(3): 245–260.

Teichler, U. (2004). The changing debate on internationalisation of higher education. *Higher Education*, 48(1): 5–26.

The Economist (2018). How global university rankings are changing higher education. Retrieved from: www.economist.com/international/2018/ 05/19/how-global-university-rankings-are-changing-higher-education

Toutkoushian, R. K., Teichler, U. & Shin, J. C. (2011). *University rankings: Theoretical basis, methodology and impacts on global higher education.* New York: Springer.

van Rooijen, M. (2014). What does globalisation really mean for higher education. Retrieved from: www.caie.org/blog/what-does-globalisation-really-mean-for-higher-education/

Wint, Z. & Downing, K. (2017). Uses and abuses of ranking in university strategic planning. In K. Downing, & F. A. Ganotice, *World university rankings and the future of higher education* (pp. 232–251). IGI Global.

Yat Wai Lo, W. (2014). *University rankings: Implications for higher education in Taiwan.* Singapore: Springer.

3

全球排名榜的
歷史與發展

引言

　　第二章討論了優渥的經濟、科技、社會環境，為全球排名的迅速發展提供了肥沃土壤。本章聚焦於過去數十年全球高等教育界發生的重大變革，這些發展對高等教育院校產生了深遠影響。Wint 及 Downing（2017）認為，高等教育院校主要是發展人力資本的場所及創立及傳播新知識的中心，院校在這兩方面互相競爭，需要培養、吸引及留住人才，以培育出能應對未來的畢業生及開展創新的研究。因此，高等教育院校必須適應迅速變化的世界，以應對全球化經濟及激烈競爭的畢業生就業市場。院校一方面力圖提升自身在全球的地位，另一方面又要（通常要大大）承擔為本地或地區提供專業畢業生的使命，並要在兩者之間取得平衡。因此，與之前數十年比較，院校在策略及管理上不免要採取更為企業化的模式。在相對較新的全球環境中，跨國比較高等教育院校的國際排名系統自然具有很大影響力。以此豐富的背景脈絡為起點，本章從美國和英國的本土起源追溯了國際高等教育排名的發展，至現時獲公認為全球三大的排名榜。這三大排名系統分別由 QS、泰晤士高等教育（THE）及上海軟科教育信息諮詢有限公司（ARWU）發表，一般認為是全球最受關注的高等教育排名系統（O'Leary, 2017）。

早期高等教育排名系統的源起

　　高等教育排名系統似乎是在 2003 年忽然出現在全球舞台上。當時上海交通大學發表了世界大學學術排名（Academic Ranking of World Universities，英文簡稱 ARWU）（Shanghai Ranking Consultancy, 2003）。2004 年，世界大學排名榜（World Universities Ranking，英文簡稱 WUR）也緊接發表，其數據及排名主要由英國高等教育調查機構 Quacquarelli Symonds（英文簡稱 QS）製作，並由當時 QS 的傳媒夥伴

《泰晤士高等教育副刊》發佈，這些排名根據一些國家已經發表的國內排名，其中《美國新聞與世界報道》（*US News and World Report*）最早已於 1983 年發表美國大學排名。

然而，排名榜並非在 2003 年忽然出現的。儘管實際上並未為大學排名，但按照某些準則並有系統地比較高等教育院校的做法由來已久，可追溯至 1870 年，當時美國教育部便發佈了大學分類。O'Leary（2017）是《泰晤士高等教育副刊》的前編輯，也是 2004 年 QS / THE 排名的創始合夥人。他認為現代高等教育排名實際上是在 1962 年首次發表的，這後來成為了牛津大學的學院年度排名榜「諾林頓名次表」（Norrington Table）。這名次表以三一學院院長阿瑟・諾林頓爵士（Sir Arthur Norrington）的名字命名。他在 1963 年致《泰晤士報》的一封信中，建議不按本科生成績來定奪學院的優劣，而是採用一個截然不同的評分系統。這名次表自此一直流傳，後來曾一度被禁，但由於學生在名次表被禁後拼湊出各種不準確的版本並張貼在學院公告板上，現今諾林頓名次表由大學製作。正如本書所述，這是高等教育排名爭議的故事開端，有關排名的爭議自始一直持續不斷。

高等教育排名系統（HERS）

1983 年，即牛津大學學院排名榜「諾林頓名次表」發表整整 20 年後，《美國新聞》開始為院校排名，很多人認為這是第一個高等教育排名系統（Hazelkorn, 2013）。2003 年，首個世界大學排名（世界大學學術排名，Academic Ranking of World Universities，英文簡稱 ARWU）問世（Liu, 2013）。然後在 2004 年，QS 與英國泰晤士高等教育的媒體攜手合作推出了 QS / THE 世界大學排名。

1990 年代中期，歐洲及亞洲出現了一系列國內排名，英國至少有四家全國性報紙發表了大學排名榜，這些排名榜充分利用了英國政府和大學發佈的大量統計數據。O'Leary 還提到法國報紙《解放報》（*Liberation*）在 1989 年出版的一份副刊，列出了「歐洲 100 間最佳大學」。雖然該刊並沒有整體的大學排名，但選取了 11 個學科，並列出每個學科中排名首五位的院校。這個排名完全基於聲譽，《解放報》邀請 2,500 名學者列出所屬學科中排名首五位的大學，其中約有 600 人回覆。但這些學者大多來自法國，當中並沒有瑞士或北歐學者，因為《解放報》利用歐盟的學生交換計劃 Erasmus 聯絡學者，然而 Erasmus 並沒有涵蓋瑞士或北歐國家。因此即使這個國際排名較其他國際排名早十年出現，但由於所採用的方法過於主觀，故在法國以外幾乎沒有受到注意。自此以後，各種商業媒體和研究機構向全球發佈其排名榜及排名方法（Toutkoushian, et al., 2011）。現今已有超過 20 個組織個別編制全球大學排名榜（*The Economist*, 2018; Sowter, 2018），而排名榜的數量正急遽增加。

上海交通大學排名（ARWU）

排名的簡單定義是：一種既定的方法，具有相應的方法學和程序，用以顯示整間院校或院校在某些領域的相對表現和地位（Sadlak, 2010）。大多數「排名」和所有「名次表」都試圖反映院校或 / 及課程質素，並按類別及範疇排列優異名次（Sadlak, 2010）。《美國新聞》發佈的排名提供了各美國高等教育院校本科課程的寶貴資訊（Marope & Wells, 2013）。根據 Marope 和 Wells 的説法，1990 年代末出現了幾個美國本科及研究院課程的名單、排名及名次表。十年後（2003 年），中國上海交通大學發表了「世界大學學術排名」（ARWU）（Marope & Wells, 2013; Usher & Savino, 2006）。

ARWU 始於 2001 年，是一個中國大學基準測試項目，當時中國希望建立世界一流大學，因此必須先釐定世界一流大學的定義，並將頂尖中國大學與他們認為是全球最佳的大學進行基準測試（The Economist, 2018; Liu, 2013）。基準測試結果發表後好評不絕，其中很多評論都提到是否有可能進行真正的世界大學排名（Liu, 2013）。沒有人料到這會如此受歡迎（The Economist, 2018）。兩年後，即 2003 年初，ARWU 發表（Liu, 2013; Usher & Savino, 2006）。這些備受矚目的排名獲得全球主流媒體廣泛關注，而 ARWU 被認為是當時最具影響力的國際大學排名系統（Liu, 2013）。在這第一個真正的全球排名發表後，「知識經濟」開始在全球嶄露頭角，大學不再只是文化自豪的來源，更能推動未來繁榮、培育人力資本、激發創意及創新企業（The Economist, 2018）。這就是現今三大排名系統出現的背景，包括 ARWU 在內的三大國際排名系統為全球帶來突破與變革。

三大排名系統出現

自此，高等教育排名系統的數量大增，但最具規模及影響力的三個排名，是泰晤士高等教育世界大學排名（THE WUR）、Quacqarelli-Symonds 世界大學排名（QS WUR）、世界大學學術排名（ARWU）（The Economist 2018; Efimova & Avralev, 2013; Downing, 2012; Usher & Savino, 2006）。這些排名榜在全球各地不斷發展，至 2017 年，QS WUR 已涵蓋超過 85 個國家，而 THE WUR 則包括超過 77 個國家（Times Higher Education, 2017）。

Sadlak（2010）認為排名是出於各種原因，最常見的是：

- 為公眾提供有關高等教育院校地位的資訊（不管排名形式的具體內容如何），以幫助個人或團體下決定（準學生、家長、政治家、基金會、撥款機構、研究委員會、僱主、國際組織等）；

- 促進高等教育院校之間的良性競爭；

- 就特定高等院校和／或課程的表現提供額外證據，促進卓越中心的發展；

- 為資金分配提供額外理由。

Hazelkorn（2013）認為大學排名只是比較院校的一種方式，她區分了不同排名方法，例如專業排名系統和衡量整個系統的排名，這些系統都試圖量度整個排名系統的質素、影響和效益。世界排名系統免不了只能涵蓋一些世界級大學，必然排除了大多數高等教育院校（Rauhvargers, 2014; Hazelkorn, 2012），這在一些國家引起爭議，因為這些國家的大學是為當地人口服務，其使命是為當地而設，而不是為了在全球舞台上競爭。儘管如此，高級管理人員和政府（有時）仍然希望他們的大學在年度全球排名中有良好表現。至於衡量整個系統的排名旨在比較各國高等教育排名系統，而不是關注個別院校的表現。（Millot, 2015）。

質素保證及評估用於評估、監察、審查學術標準，並向主要利益相關者提供相應的教學及研究資訊。質素保證及評估通常在整個院校或院校次級層面進行（Hazelkorn, 2012）。多元面向的排名，例如歐盟的多元面向大學排名（U-Multirank）具有一系列可按個人偏好排列的指標（Hazelkorn, 2012），但這種排名並沒有真正吸引大學或媒體注意。高等教育學習成果評估（Assessment of Higher Education Learning Outcomes，英文簡稱 AHELO）是一個由經濟合作暨發展組織（OECD）開發的特定項目，旨在藉着測試學生的通用及學科特定技能，去衡量高等教育的教學質素。AHELO 衡量學生在通用及學科特定技能（經濟學及工程學）的表現，使用為院校特設的問卷，收集相關資訊（Millot, 2015）。AHELO 尚處於起步階段，但很可能成為一種比較基準工具，

類似 OECD 的國際學生評估項目（OECD Programme for International Student Assessment，英文簡稱 PISA）（Hazelkorn, 2012）。

　　還有一些院校次級層面的排名，比較大學某方面或相近範疇的表現（Usher & Savino, 2006）。這通常是專業學院如商學院、法學院和醫學院（Hazelkorn, 2013），例如《經濟學人》、《金融時報》、《商業週刊》、《華爾街日報》等經常發佈商學研究院排名（Usher & Savino, 2006）。U21 排名嘗試提供更全面的教育體系排名，其 2012 年首次發表的大中華區排名協助中國大陸學生選擇心儀院校。現今有幾個排名主要着眼於研究表現：上海排名、萊頓排名（Leiden Rankings）、Scimago 排名、大學學術表現排名（University Rankings of Academic Performance，英文簡稱 URAP）、國立台灣大學排名、美國新聞及世界報道最佳全球大學排名（US News and World Report Best Global Universities Rankings，英文簡稱 BGUR）。此外，還有一些排名衡量網絡活動、環境可持續性、就業及創新能力（Holmes, 2017）。這些以主題為基礎的排名系統持續獲大學高度關注，因為媒體對這些排名的興趣不斷增加，大學可以利用這些排名作市場及品牌推廣。所有排名機構依靠媒體報道排名，以維持公眾對年度排名結果的興趣，故需要保持並發展媒體對排名的關注。這導致一些排名機構向大學提供各種「付費」產品，旨在就個別大學的表現提供詳細資訊，最終協助客戶院校提高排名。表 3.1 列出各種國際排名系統及其成立日期。

高等教育排名系統多元化衍生

　　如今，很多國際排名系統除了世界大學排名外，還包括學科特定排名和 / 或以地區排名。最具規模的三個大學排名機構，即 ARWU、THE 和 QS 已經將其排名組合變得多樣化，產生了專門的大學排名、學科領域 / 學科排名、特定地區的大學排名以及成立不超過 50 年的大學排名。這些專項排名可以是相關大學排名榜結果的其中一部分，也可能是

表3.1 2003至2017年出現的高等教育排名系統（Ewalt, 2017; Universitas 21, 2017; World-top20, 2017; Zha, 2016; Eduniversal Group, 2015; Rauhvargers, 2014; Hazelkorn, 2013）

推出年份	排名系統
2003	上海排名（ARWU）
2004	• 世界大學網絡排名（Webometrics） • QS & THES
2006	新聞週刊全球百大最佳大學（Newsweek Top 100 Global Universities）
2007	• 巴黎高等礦業學院：世界大學專業排名（Mines Paris Tech: Professional Ranking of World Universities） • 財團法人高等教育評鑑中心基金會／國立台灣大學（HEEACT/NTU）：科學論文排名 • Eduniversal：商學院排名
2008	世界最佳學院及大學
2009	• 教育資源排名：全球大學排名（RatER: Global Universities ranking） • 科技研究中心：萊頓排名（CWTS: Leiden Ranking） • Scimago
2010	• Scimago 大學學術表現排名（URAP） • 印尼大學世界綠能大學排名（UI GreenMetric World University Ranking） • ScimagoTHE 世界大學排名（WUR） • ScimagoQS 世界大學排名（WUR） • Scimago 大學研究表現影響力指數（High Impact Universities Research Performance Index）
2011	• 多元面向大學排名（U-Multirank） • QS 之星世界大學排名（QS Stars）
2012	• U21：國家高等教育系統排名（U21: Ranking of National Higher Education Systems） • 自然指數（Nature Index）
2013	世界大學排名中心（CWUR）
2014	• 美國新聞最佳全球大學排名（US News Best Global Universities Rankings, BGUR） • 世界前 20 名項目：全球大學排名（World Top 20 Project: Global University Rankings）
2015	路透社百強：世界最創新大學（Reuters Top 100: The World's Most Innovative Universities）
2017	UniRanks: 排名榜的排名（UniRanks: The Ranking of Rankings）

改變衡量大學指標比重所得出的結果，又或者是以一個全新方法或比重指標所產生出來的。除了讓不太知名的大學在某些領域能有出眾表現，這種排名榜多元化的衍生還令主要排名機構吸引更大的潛在客戶群，包括那些在高等教育排名系統中表現並不突出的大學。

表 3.2 顯示了三大排名系統每年發表的各種排名項目。

除表 3.2 所列的排名外，2018 年 2 月，THE 宣佈發展一項新的次級排名榜──「THE 創新排名」，該排名於 2019 年 4 月在韓國的 THE 創新與影響高峰會上發表，這個新排名的重點是大學創新發明對經濟及整個社會的影響（THE Reporters, 2018）。

許多高等教育院校開始或已經發展了自己的排名系統，從學系層面評估教與學質素，既包括已知的全球最佳做法，也確保這些做法符合當地和地區的要求（Downing, 2013）。在全球各地，甚至在同一國家或地域的大學之間，對教與學的定義都不盡相同。因此，即使在地方層面上，評估大學表現往往也非常困難，學者就關於什麼構成「質素」存有分歧，這通常是基於他們自己的教與學方法。故此，幾乎可以肯定，要全球一致採用某個方法去評估教與學質素是不可能的，而高等教育排名系統只好採用各種不全面的替代方法，例如師生比例去評估質素，這引起很多爭議，亦可能是對主要排名系統最常見的批評之一。然而，唐寧認為，這種做法也可以區分高低優劣，因為大學總會根據其所在地、地區要求及背景脈絡來詮釋何謂最佳的做法。此外，很多國家都有相當完善的質素保證機制，大學必需遵從。Sowter（2015）推測，隨着時間推移，高等教育排名系統會變得更成熟，各種評估方法將確定下來。比較各種不同類型和公開透明工具最終可能會削弱目前三大排名系統的權威（Hazelkon, 2013）。對出版商來說，高調的排名系統已經成為高利

表3.2 QS、THE、上海排名（ARWU）於2017年10月發表的年度排名（QS Quacquarelli Symonds Limited, 2017; Times Higher Education, 2017; ShanghaiRanking Consultancy, 2017）

排名分類	泰晤士高等教育（THE）	Quacquarelli Symmonds (QS)	上海排名（ARWU）
世界大學排名	THE 世界大學排名（WUR）	QS 世界大學排名（WUR）	世界大學學術排名（ARWU）
地區排名	• THE 美國學院排名 • THE 拉丁美洲排名 • THE 日本大學排名 • THE 亞洲大學排名	• QS 亞洲排名 • QS 拉丁美洲排名 • QS 亞拉伯地區排名 • QS 新興歐洲及中亞（EECA）排名	
學科排名	THE WUR 學科排名	QS 學科排名	• 全球學科排名 • 世界大學學科學術排名
以院校歷史排名	THE 年輕大學排名	QS 最佳 50 所創校未滿 50 年大學	
以經濟體系排名	THE 新興經濟	QS 排名：金磚五國	
其他排名	• THE 世界聲譽排名 • THE 全球大學就業能力排名	• QS 系統實力排名 • QS 畢業生就業能力排名 • QS 最佳學生城市	

潤產品，正如透明度和問責工具（尤其是研究評估）增加了科學出版的利潤一樣（Scott, 2013）。結果，向大學提供的商品數量和類型成倍增長——從詳細說明各種調查對象來源的報告到會議和諮詢，增加了高等教育排名系統的利潤，圍繞排名系統的爭議亦有所增加。外部審查增加意味着大學不得不重組並建立獨特的身份和聲譽，以爭奪最好的學生、教師和資金（Steiner, Sammalisto & Sundstrom, 2012）。

IREG 認可

排名有爭議，因為排名影響聲譽；同樣重要的是，排名「測量」的性質是另一令人關注的原因（O'Loughlina et al., 2013; Marope & Wells, 2013）。排名系統不斷改進評估方法，以應對眾多的批評（Sowter, 2017）。2006 年，國際排名專家團體協會（International Ranking Expert Group，英文簡稱 IREG）的成員制定了一套有質素及良好做法的保障措施（IREG, 2006）。IREG 由聯合國教科文組織歐洲高等教育中心（UNESCO-CEPES）於 2004 年成立，旨在制定一個框架，這框架「最終將帶來一個不斷改進且完善的方法論，用於排名」（1）。

來自世界各地的高等教育專家，代表着眾多大學、研究機構及基金、政府和非政府組織，參與制定「柏林原則」（Berlin principles）（Stolz, Hendel & Hor, 2010），這些原則本質上是一套規則，促使排名行業採用良好做法（Millot, 2015）。根據 IREG 網站所述，其目的是加強公眾對大學排名、學術成就等問題的認識和理解（IREG, 2009）。排名是 IREG 的主要活動領域，而 IREG 的主要活動關乎對排名質素評估重要性的集體詮釋（IREG, 2009），IREG 甚至開始審核排名系統（Millot, 2015）。然而，需要注意的是，「審核」的目的不是評估院校提交的資料數據，因此不能視之為肯定資料真確的全面認證。

IREG 排名審核倡議建基於柏林原則，旨在：增加排名的透明度；為使用排名的人士提供工具，以辨識什麼是可信的；並且提高排名的質素（IREG, 2009）。成功的排名機構還需要表明他們遵行良好的做法，並回應各利益相關者對有關資訊的需求，特別是學生、高等教育院校、僱主及政策制定者（Juno, 2013）。因為這些原則考慮到消費者和高等教育院校在排名中的自主權，所以獲認定是制定排名系統質素標準和問責制的重要一步（Harvey, 2008）。

鑒於各種排名系統方法的差異，這些良好排名做法的原則將有助改進和評估排名（IREG, 2006）。

2008 年，IREG 學術排名及卓越觀察中心成立，旨在成為一個更長久的組織，負責繼續推動和改善全球排名的做法（Hägg & Wedlin, 2013）。2013 年 5 月，兩個排名榜首次獲得「IREG 認可」標籤，分別是波蘭國內的 Perspektywy 大學排名和國際的 QS 世界大學排名（Hägg & Wedlin, 2013; Juno, 2013）。正面的審核結果在 IREG 網站上公佈（IREG, 2014）。然而，IREG 審核程序中所使用的柏林原則（英文簡稱 BP）並非沒有缺陷，Hägg 和 Wedlin 列舉了各種問題，其中之一是原則本身有矛盾之處：

不斷改善排名，使排名在整體上有更好的做法，從而令排名成為「學習系統」，這系統與不斷演進的排名專業知識合作發展（BP 第 13 條）。同時，建構指標和比重的基本原則是，這些指標和比重應該保持穩定和限制其變化，以確保隨着時間推移仍能進行比較（BP 第 9 條）。

總括而言，Hägg 和 Wedlin（2013）認為，BP 發佈後的討論主要肯定 BP 有用，並且認為 BP 對排名的一般討論有積極貢獻。

總結

本章梳理了早期排名的國際發展，從美國和英國的早期起源，到今天更加多樣化的高等教育排名系統。在全球化的跨國背景下，高等教育排名系統的特點是國際間爭奪教職員和學生，隨着資訊科技進步，獲取和分享資訊的能力不斷提高，排名與其他跨院校／國家的比較變得更加普遍。在 2003 及 2004 短短兩年內，上海排名推出，QS/THE 緊隨其後，全球對排名產生興趣，接着排名系統蓬勃衍生。最初 QS 及 THE 共

同合作，但在 2009 年分道揚鑣，結果成就了現在的三個主要全球高等教育排名系統，這三個排名仍然可說是最具全球影響力的，吸引了大量國際和地方媒體報道，Downing 將之稱為「三大排名」，以反映其主導地位。

在 2009 年後的十年裏，排名系統持續快速衍生並多元發展，湧現出以地區和主題為重點的高等教育排名系統及評級系統（例如 QS Stars），為院校提供了第二次機會，向全球受眾推廣自己。然而，在檢查及核實數據方面，陰霾驟現，人們質疑競爭激烈的大學所提交的數據之真確性。IREG 學術排名與卓越觀察中心因而成立，其使命是負責在全球繼續推廣及改善排名的做法（Hägg & Wedlin, 2013）。儘管在 2013 年 5 月，有兩個排名系統獲授予「IREG 認可」的標籤（Hägg & Wedlin, 2013, Juno, 2013），IREG 卻無法評估院校所提交數據的質素及是否準確，因此這範疇仍舊是個弱點，提交數據真確與否仍是排名機構和院校本身的責任。因是之故，IREG 審核程序中所採用的柏林原則（BP）並非完美，且幾乎無法確保所提交的數據是否準確。排名榜持續蓬勃衍生、發展多元化、備受注意，儘管審核問題日增，大學排名榜仍然是有影響力的具體比較形式。第四章將沿着這方向進一步探討，深入研究三大國際排名系統中首個出現的排名。

表3.3 高等教育院校排名柏林原則（IREG, 2006）

條號	原則聲明
1	成為評估高等教育投入、過程與產出的多種方法之一。排名可以提供比較資訊，增進對高等教育的了解，但不應該成為評估高等教育是什麼和做什麼的主要方法。排名可以提供一種基於市場的觀點補充政府、評審機構和獨立審查機構的工作。
2	應該有明確目的和目標群體。排名必須根據其目的而設計。為滿足特定目標或為某一目標群體提供資訊而設立的指標，可能不適用於不同目的或目標群體。
3	認識到院校的多元化，並考慮到院校的不同使命和目標。例如，針對研究型大學的質素衡量標準與為弱勢群體提供廣泛機會之院校所採用的標準完全不同。應經常諮詢參與排名的院校和影響排名的專家。

條號	原則聲明
4	清楚表明資訊來源範圍及每個來源的訊息。排名結果的相關性取決於接收資訊的受眾及資訊來源（例如數據庫、學生、教授、僱主）。良好的做法是充分整合這些來源所提供的不同觀點，以便更全面了解排名榜中每所高等教育院校。
5	具體說明參與排名的教育體系之語言、文化、經濟和歷史背景。國際排名尤其應注意可能存在的偏差，並精確說明其目標。並非所有國家或體系對高等教育院校的「質素」有着相同價值觀和信念，因此不應設計排名系統來強行比較。
6	排名方法必須透明。排名所採用的方法應該清楚、明確、不含糊，指標計算及數據來源都要透明。
7	按其相關性和有效性來選擇指標。篩選數據應基於每個指標都能代表質素、學術和院校優勢，而非只考量是否可以獲取數據。要清楚為什麼要採用該些指標，以及這些指標要代表什麼。
8	盡可能衡量結果而非投入的數據。投入的數據是相關的，因為其反映了特定院校的總體情況，並且較容易獲取。衡量結果能更準確評估為特定院校或課程的地位和／或質素，編制排名時應確保取得適當平衡。
9	突出不同指標的比重（假若使用比重），並限制更改比重。比重改變使消費者難以辨別一所院校或課程的排名改變是由於內在差異，還是由於排名方法改變。
10	重視道德標準和本原則中闡述的良好做法建議。為確保每個排名可信，負責收集及使用數據以及進行實地訪視的人員應盡可能客觀公正。
11	盡可能使用已審核和可核實的數據。這些數據有很多好處，包括已獲各院校接受、能夠用之作跨院校的比較。
12	包括按照收集科學數據恰當程序所收集得來的數據。數據蒐集若來自無代表性或有偏見的學生、教職員或其他團體，可能無法準確代表某院校或課程，因此應該排除此類數據。
13	將質素保證措施應用於排名過程之中。排名過程應注意用於評估院校的專業知識，並利用這些知識來評估排名本身。排名應是個學習系統，不斷利用這些專業知識來制定方法。
14	採取組織措施，令排名更可信。這些措施可以包括成立諮詢甚至監督機構，最好有國際參與。
15	向消費者清楚說明用於制定排名的所有因素，並讓他們選擇如何顯示排名。這樣，排名使用者就能更清楚了解用於院校或課程排名的指標。此外，他們應該有機會自行決定這些指標的比重。
16	應使用消除或減少原始數據錯誤的方式來編纂排名，並以可糾正錯誤和過失的方式來組織和發佈。若有錯誤，應告知院校和公眾。

參考資料

Downing, K. (2010a). *Ranking of Asian Universities: Choose Your Poison Carefully.* Paper presented at the Sixth QS Asia Pacific Professional Leaders in Education Conference, Singapore.

Downing, K. (2010b). Rankings: Bringing Asia out of the shadows. In J. Sim (Ed.), QS *WorldClass Showcase 2010* (pp. 34–36). Singapore: Times Printers Pte Ltd.

Downing, K. (2012). Do rankings drive global aspirations? In M. Stiasny, & T. Gore, *Going global: The landscape for policymakers and practitioners in tertiary education* (pp. 31–39). London: Emerald Group Publishing Ltd.

Downing, K. (2013). What's the use of rankings? In P. T. Marope, P. J. Wells & E. Hazelkorn, *Rankings and accountability in higher education: Uses and misuses* (pp. 197–208). Paris: United Nations Educational, Scientific and Cultural Organization.

Eduniversal Group (2015). You deserve the best. Retrieved from: www.eduniversal-ranking.com/

Efimova, I. N. & Avralev, N. V. (2013). University Rankings as a Tool to Enhance Competitiveness, Clustering and Transnational Governance of Higher Education in the Context of Globalization. *Middle-East Journal of Scientific Research*, 16(3): 357–361.

Ewalt, D. (2017). Reuters Top 100: The World's Most Innovative Universities – 2017. Retrieved from: www.reuters.com/article/us-amers-reuters-ranking-innovative-univ/ reuters-top-100-the-worlds-most-innovative-universities-2017-idUSKCNIC209R

Hägg, I. & Wedlin, L. (2013). *Standards for quality? A critical appraisal of the Berlin Principles for international rankings of universities.* London: Routledge.

Harvey, L. (2008). Rankings of higher education: A critical review. *Quality in Higher Education*, 14(3): 187–207.

Hazelkorn, E. (2012). European "transparency instruments": Driving the modernisation of European higher education. In P. Scott, A. Curaj, L. Vlasceanu & L. Wilson, *European higher education at the crossroads: Between the Bologna Process and national reforms* (Vol. 1). Dordrecht: Springer.

Hazelkorn, E. (2013). How rankings are reshaping higher education. In V. Climent, F. Michavila & M. Ripollés, *Los rankings universitarios, Mitas y Realidades*. Tecnos.

Hazelkorn, E. & Ryan, M. (2013). The impact of university rankings on higher education policy in Europe: A challenge to perceived wisdom and a stimulus for change. In P. Zgaga, U. Teichler & J. Brennan, *The globalization challenge for European higher education: Convergence and diversity, centres and peripheries*. Frankfurt: Centre for Social and Educational Research.

Holmes, R. (2017). Comments on the HEPI report. Retrieved from: http://rankingwatch. blogspot.co.za/2017/01 /comments-on-hepi-report.html

Holmes, R. (2017). Doing something about citations and affiliations. Retrieved from: http://rankingwatch. blogspot.com/2017/04/doing-something-about-citations-and.html

Holmes, R. (2017). Ranking debate: What should Malaysia do about the rankings? Retrieved from: http://rankingwatch.blogspot.co.za/

Holmes, R. (2017). University ranking watch. Retrieved from: http://rankingwatch. blogspot.co.za/2017/01 /comments-on-hepi-report.html

IREG Observatory on Academic Ranking and Excellence (2006). Berlin Principles on ranking of higher education institutions. Retrieved from: http://ireg-observatory.org/en/index.php/berlin-principles

IREG Observatory on Academic Ranking and Excellence (2009). IREG ranking audit: Purpose, criteria and procedure. Retrieved from: www.unesco.org/new/fileadmin/MULTIMEDIA/HQ/ED/pdf/RANKINGS /Sadlak_IREG.pdf

IREG Observatory on Academic Ranking and Excellence (2014). IREG initiatives. Retrieved from: hetp://ireg-observatory.org/en/index.php /initiatives

Juno, M. (2013). QS world university rankings approved by IREG. Retrieved from: www. qs.com/qs-world-university-rankings-approved-by-ireg/

Liu, N. C. (2013). The academic ranking of world universities and its future direction. In P. T. Marope, P. J. Wells & E. Hazelkom, *Rankings and Accountability in Higher Education: Uses and Misuses* (pp. 23–41). Paris: United Nations Educational, Scientific and Cultural Organization.

Marope, M. & Wells, P. (2013). The many sides of the debate. In P. T. Marope, P. J. Wells & E. Hazelkom, *Rankings and Accountability in Higher Education: Uses and Misuses* (pp. 1–7). Paris: United Nations Educational, Scientific and Cultural Organization.

Millot, B. (2015). International rankings: Universities vs higher education systems. *International Journal of Educational Development*, 40: 156–165.

O'Leary, J. (2017). The origins of international rankings. In K. Downing, & F. A. Ganotice, *World wniversity rankings and the future of higher education* (pp. 61–69). IGI Global.

O'Loughlina, D., MacPhail, A. & Msetfi, R. (2013). The rhetoric and reality of research. *Studies in Higher Education*, 40(5): 806–820.

QS Quacquarelli Symonds Led. (2017). Comparing world university rankings: THE, QS and Shanghai. Retrieved from: www.topuniversities.com/ student-info/university-news/comparing-world-university-rankings-qs-shanghai

QS Quacquarelli Symonds Ltd. (2017). QS world university rankings 2018 - Table information. Retrieved from: www.topuniversities.com /university-rankings-articles/world-university-rankings/qs-world-university-rankings-2018-tables-information

QS Quacquarelli Symonds Ltd. (2017). QS world university rankings: Methodology. Retrieved from: www.topuniversities.com/qs-world-university-rankings/methodology

QS Quacquarelli Symonds Ltd. (2017). University rankings. Retrieved from: www.topuniversities.com/university-rankings

Rauhvargers, A. (2014). Where are the global rankings leading us? An analysis of recent methodological changes and new developments. *European Journal of Education*, 49(1): 29–44.

Sadlak, J. (2010). Ranking in higher education: It's place and impact. *The Europa World of Learning*, 60: 1–11.

Scott, P. (2013). Ranking higher education. In E. S. United Nations, *Rankings and Accountability in Higher Education* (pp. 113–128). Paris: United Nations Educational, Scientific and Cultural Organization.

ShanghaiRanking Consultancy (2003). About us. Retrieved from: www-shanghairanking.com/aboutus.html

ShanghaiRanking Consultancy (2017). Academic ranking of world universities 2017. Retrieved from: www.shanghairanking.com/index.html

ShanghaiRanking Consultancy (2017). Discovering world-class: Academic rankings of world universities. Retrieved from: www.shanghairanking.com/:https:/ /drive.google.com/file/d/0Bw2rAawlHlvBUIFDeElPRTlmMFU/view

ShanghaiRanking Consultancy (2017). Shanghairanking's global ranking of academic subjects. Shanghai: Shanghairanking Consultancy.

Sowter, B. (2015). QS world university rankings — methodology. In M. Ince, J. O'Leary, N. Quacquarelli & B. Sowter, *Top universities guide 2015* (10th ed., pp. 30–35). London: QS Quacquarelli Symonds Limited.

Sowter, B. (2017). How did Vel Tech University get such a high rank on the top Asian universities list? Retrieved from: www.quora.com/How-did-Vel-Tech-University-get-such-a-high-rank-on-the-top-Asian-universities-list/answer/Ben-Sowter- I?srid=TZue

Sowter, B. (2017). Rankings — A useful barometer of universities' standing. Retrieved from: www.universityworldnew.com/article.php?story=20161222112407402

Sowter, B. (2018). QS World University Rankings 2019 supplement. Retrieved from: www.topuniversities.com/student-info/qs-guides/qs-world-university-rankings-2019-supplement

Steiner, L. A., Sammalisto, K. & Sundstrom, A. C. (2012). An analytical model for university identity and reputation. *Higher Education*, 65(4): 401–415.

Stolz, I, Hendel, D. & Hor, A. S. (2010). Rankings of rankings: benchmarking twenty-five higher education ranking systems in Europe. *Higher Education*, 60: 507–528.

The Economist (2018). How global university rankings are changing higher education. Retrieved from: www.economist.com/international/2018/05/19/how-global-university-rankings-are-changing-higher-education

TES Global Ltd. (2017). Times Higher Education world university rankings 2018. Retrieved from: www.timeshighereducation.com/world-university-rankings/2018/world-ranking#!/page/0/length/100/sort_by/rank/sort_order/asc/cols/stats

THE Reporters (2018). THE to launch new innovation ranking. Retrieved from: www.timeshighereducation.com/world-university-rankings /launch-new-innovation-ranking

Toutkoushian, R. K., Teichler, U. & Shin, J. C. (2011). *University rankings: Theoretical basis, methodology and impacts on global higher education.* New York: Springer.

Universitas 21 (2017). U21 Ranking of national higher education systems 2017. Retrieved from: www.universitas21.com/ article/projects/details/152/u21-ranking-of-national-higher-education-systems-2017

Usher, A. & Savino, M. (2006). *A world of difference: A global survey of university league tables.* Toronto: Educational Policy Institute.

Wint, Z. & Downing, K. (2017). Uses and abuses of ranking in university strategic planning. In K. Downing & F. A. Ganotice, *World university rankings and the future of higher education* (pp. 232–251). IGI Global.

Worldtop20 (2017). World top 20 project. Retrieved from: workdtop20.org/global-universities

Zha, Q. (2016). University rankings in perspective. Retrieved from: www.insidehighered.com/blogs/world-view /university-rankings-perspective

4

評估三大高等教育排名系統

普遍問題與 ARWU 詳細分析

引言

自 2000 年以來，高等教育日益市場化，學生流動越來越多，最終導致招收外國學生的步伐加快（Harvey, 2008）。各國從國際學生獲得了巨大經濟利益，但這是個競爭激烈的市場，人們所認同的地位和聲譽是重要營銷工具（Harvey, 2008; Dill & Soo, 2005）。大學在宣傳推廣活動中廣泛使用排名（Connell & Saunders, 2012），以之作為評估大學卓越成就的既定工具（Taylor & Braddock, 2007）。全球大學排名的出現和發展，也許不可避免地引發了對各種高等教育排名系統（HERS）本質和方法是否有效的爭論（Marope & Wells, 2013; Downing, 2012; Altbach, 2006a; Dill & Soo, 2005）。反對 HERS 的意見既有哲學方面的，也有實用層面的（Connell & Sanunders, 2012）。

院校排名過程始於數據收集，第二步是選擇排名類型和變數（variables），然後選擇指標和比重，最後是數據分析，得出排名順序（Merisotis & Sadlak, 2005）。排名有不同參數，包括論文發表和引用次數、師生比例、國際學生比例、獎項和成就數量、每名教師的研究論文數量、網絡知名度和在高影響力期刊上文章發表數量等（Aguillo, Bar-Ilan, Levene & Ortega, 2010）。儘管對排名榜是否合理恰當存在各種意見和爭論，但人們對排名的需求依然存在，而且大多數專家都認為排名榜會繼續存在（Haselkorn, 2014; Downing, 2012; Connell & Saunders, 2012）。因此，現在的問題似乎不在於大學是否應該進行比較和排名，而在於如何比較及排名（Marope & Wells, 2013）。本書有三章專門批判分析三大國際高等教育排名，即上海世界大學學術排名（Shanghai Academic Ranking of World Universities, ARWU）、QS 世界大學排名（QS World University Rankings, QS WUR）、THE 世界大學排名（THE World University Rankings, THE WUR），本章是這三章的首章，最後部分會更詳細評論 ARWU，而第五章和第六章則分別詳細評論 QS WUR 和 THE WUR。

對排名方法的普遍批評

不同指標和比重必然會產生不同結果。Holmes（2005）認為，上海排名（ARWR）採用的許多指標所衡量的是院校歷史長短、規模和醫學研究，而泰晤士高等教育（THE）衡量的是院校收入，QS 則為具有地方聲譽之大學提供了獲得國際知名度的機會（Shastry, 2017.）。然而，這種描述對三者來說都過於簡化。自 2009 以來，對排名方法的審查大幅增加（Baty, 2014），但有些人認為排名的問題在於其做法而非原則（Altbach, 2006a）。因此，隨着上一章所述的排名衍生及影響出現，對排名目標和方法的批評也越來越激烈（Kaychen, 2013; Downing 2013; Taylor & Braddock, 2007; Van Raan, 2005）。

排名過程中的主觀因素，例如排名所使用的大學屬性列表、各屬性的比重、比較組別的規模及組成，常常受到批評（Bougnol & Dula, 2015）。排名系統有時在沒有合理依據的情況下分配排名指標比重，這種看似武斷的方式也經常受到批評（Harvey, 2008; Savino & Usher, 2006）。藝術、人文學科以及大部分社會學科在排名中的代表性仍然不足，這通常歸咎於不可靠的文獻計量數據（Hazelkorn, 2013）。Anowar、Helal、Afroj、Sultana、Sarker 及 Mamun（2015）認為，規模較大的院校在排名中佔優，因為這些院校可能有更多論文、論文引用次數、獲獎科學家、學生、網絡連結及資金。有些排名只關注研究層面，而研究更易看得見，也更容易利用外部（而非院校提交的）觀測結果來衡量。（Daraio, Bonaccorsi & Simar, 2014）。此外，高等教育政策研究所（Higher Education Policy Institute，英文簡稱 HEPI）所長 Bekhradnia 認為，國際排名是單一面向的，只衡量研究活動，幾乎排除其他一切（O'Malley, 2016）。還有人認為，排名主要基於可以衡量的東西，而不是基於相關的、應該衡量的東西（Harvey, 2008; Altbach, 2006a）。

Bougnol 和 Dula（2015; 860-864）描述了當代排名系統中的各種陷阱，批評了使用「反同比屬性」（anti-isotonic attributes）的做法，這種比重方法對一個屬性值使用正比重，屬性值越大則越有優勢；他們還指出了「獎勵低效率」（rewarding inefficiency）的問題，即以同樣的方式處理排名方案中的輸入和輸出，賦予兩者相同的正比重；他們還從「透明和可複製」（transparency and reproducibility）的角度批評了一些排名，認為排名應同時提供計算分數時所使用的數據和比重，可惜並非所有排名方案都能實現這些理想。最後，他們的分析認為，由於「數據的共線性」（colinearity in the data），排名方案可能會出現問題；他們指出，屬性數據的共線性是資訊過量的一種體現。

論文引用數據庫的技術問題

三大排名系統（ARWU、THE WUR、QS WUR）廣泛使用論文引用數據庫，透過衡量獲高度引用期刊文章的比例，來確定引文的影響力，這做法仍然較為可靠，因此有利於一些文章集中的研究領域，即醫學、自然科學及工程學（Waltman, Medina, Kosten, Noyons, Tijssen, van Eck, van Leeuwen, van Raan, Visser, Wouters, 2011）。關於論文引用影響力的另一個批評與衡量時限有關，確定和比較院校間的論文引用需要一個特定時限，所選的時限太長，得出的結果可能並不能反映院校當前的狀況（Anowar et al., 2015）。論文引用分析最核心的技術過程是，配對引用的出版物與被引用的出版物，這個「配對識別」過程是由裁判人員進行（Van Raan, 2005）。在引用—被引用的配對過程中會出現大量錯誤，有時會導致丟失某一特定出版物的論文引用（Van Raan, 2005）。在某些情況下，這些「不配對」的論文引用分佈極不均勻，可能導致丟失論文引用的比例高達 30%（Moed, 2002）。Van Raan（2005）還指出另一個問題，即相關組織或大學的名稱有時會被錯誤地歸屬於某

份出版物，特別是當某所學院擁有不同名稱。即當使用醫學院、研究院及研究組織的名稱而不是實際開展研究的大學名稱時，就經常出現這個問題（Van Rann, 2005）。

面對轉變時，規模較大的院校具有優勢，因其背後有強大的論文引用支撐，但 Anowar et al.（2015）提到另一個使用論文引用影響力的缺點。他們認為，迄今為止，分數還沒有充分分配到各排名參數中。有些研究員建議，如果一篇由幾所院校共同撰寫的論文所獲引用次數，等同一篇由一所院校撰寫的論文所獲引次數，前者應該得到更高分數（Ioannidis, Patsopoulos, Kavvoura, Tatsioni, Evangelou, Kouri, Contopoulos-Ioannidis, Liberopoulos, 2007）。

論文引用數據庫還試圖區分不同科學領域，但這是無可避免地不完善的。從事更多跨學科工作的科學家更難於單一學科中達至高引用的門檻。在同一領域內，論文引用密度較高的次領域科學家具有優勢（Ioannidis et al., 2007）。此外，「評論」文章往往比「原創」研究文章更易獲得引用（Patsopoulos, Analatos & Ioannidis, 2005）。人們還普遍認為，語言影響出版物的接受和引用，由於大多數論文引用索引都是英文，以英文出版的期刊自然有更大機會納入索引中（Soh, 2015），因此很容易在較大的學術文獻計量系統中找到這些期刊。Altbach（2006b）指出，美國科學家更喜歡引用來自美國的科學家，這可能會導致美國院校排名有明顯提升（Altbach, 2006b）。Van Raan（2005）建議，專業的文獻計量學家應該充當顧問而不是只負責數算數字，以提升同行評審過程的價值，並避免數據被用作誤導，以致可能會對大學、學院及個別科學家造成損害。如果設計及建構得當，論文引用數據庫可以用作同行評審的有力支援工具（Van Raan, 2005）。

對排名方法的批評

有大量文獻強調排名方法的問題（Goglio, 2016），對大學排名系統最常見和最強烈的抱怨之一，是其採用聲譽調查（Rauhvargers, 2014; Baty, 2011）。這指標對世界知名院校有利，而且只起到錦上添花的作用，並不代表當前的研究表現（Baty, 2014）。回覆此項指標的比率相對較低（Bekhradnia, 2017），而且目前大多數聲譽調查只是強化了特定大學的現有聲譽和地位（De Witte & Hudrlikova, 2013; Downing 2013; Bowman & Bastedo, 2010）。

Marginson（2007）認為，有些排名系統所採用的國際化指標更能反映大學的營銷能力，而非其研究人員的國際質素。國際化指標通常激勵數量而非質素，而且往往只是反映一個國家在地理上的定位（Altbach & Hazelkorn, 2017）。此外，英語國家的大學有其優勢，能夠招聘來自世界各地以英語為母語和非母語的學者（Rauhvargers, 2014; Kaychen, 2013; Toutkoushian, Teichler & Shin, 2011）。

學生與教職員的比例很容易被院校操控（Baty, 2014），而且由於國際化缺乏定義，很難有效比較不同大學和國家的學生與教職員比例（Waltman et al., 2011; Ioannidis et al., 2007）。用於編制學生—教職員比例公式的變更可能導致每年排名發生重大變化（Harvey, 2008）。此外，研究工作是教學質素的一個指標，但很少有人試圖將之獨立區分出來（Bekhradnia, 2017）；教與學質素以及教育過程中的「附加價值」無法比較衡量（Dill & Soo, 2005; Liu et al,. 2005）。

高等教育政策研究所

高等教育政策研究所（HEPI）的一份報告指出 HERS（特指 THE、QS、上海排名和 U-Multirank）應考慮的一些問題，以改善其年度評估（Bekhradnia, 2017），其中一項建議涉及審查並驗證大學提供的院校數據。如果院校數據不存在，排名機構應避免使用數據搜刮技術。另一項建議是取消國際聲譽調查。HEPI 報告認為，聲譽調查只會強化研究表現，並使結果偏向少數院校。報告還建議 HERS 摒棄與研究相關的標準，以更詳細的方式發佈排名，而不是簡單的數字排名（Bekhradnia, 2017）。然而，Holmes（2017）批評 HEPI 只關注 QS WUR、THE WUR、上海排名的 ARWU 和 U-Multirank，這會誤導當代的排名情況，現在的排名還包括創新以至畢業生就業能力等各方面的大學排名。Holmes（2017）還認為，以研究為導向的排名系統在評估教與學方面並非完全無用，因為良好的研究聲譽很可能與學生和畢業生的正面反饋有關，例如教學滿意度、完成課程程度及就業情況。此外，Holmes 的評論提出了三個理由，說明 QS 和其他 HERS 不應該為採用數據搜刮技術而感到不安。假如有關大學的資訊來自 HERS 或大學以外的獨立來源，或者資訊不是為了提交給排名機構而收集的，又或者提交錯誤數據會招致嚴重懲罰，那麼這些資訊就很可能是正確的（Holmes, 2017）。

在為 QS 排名辯護時，Sowter（2017）認為，從大學網站獲取資訊或採用數據搜刮方式較零假設更為準確。雖然 Holmes（2017）同意 HEPI 的報告，認為 QS 和 THE 使用的聲譽調查比重過高，但他認為學生確實重視僱主和專業學院的看法，當大學不誠實時，調查就可檢測實況。Baty（2017）承認排名方法存在重大缺陷，特別是「量度」教學和拓展方面，他同時回應了 HEPI 報告中的一些批評。他聲稱，THE 排名本身並不是一個目的之終結，而是出自一個數據庫的結果。他形容這是

全球高等教育表現數據最複雜的數據庫之一，其中的比重和方法是與大學、政府、學者協商而制定的。同樣，Sowter（2017）承認 QS 排名並不完美，但反駁關於數據審查不足的說法，並補充說這是排名過程中最昂貴和耗時的部分，非常嚴謹。其他更深入參與提供高等教育的人士則質疑排名的價值，並認為排名只能衡量高等教育的一小部分（Redden, 2013）。QS 和 THE 繼續擴展其網上界面和功能，從多方面比較排名，例如可按地理位置和／或其他層面篩選（Baty, 2017; Sowter, 2017）。

選擇合適的方法

要得知綜合測量或排名系統中各項指標間的相互影響，選擇合適的方法非常重要。因此，沒有一個排名系統是完美的，每個系統都有不足和弱點（Anowar et al., 2015），每個排名都經常受到批評，QS、THE、ARWU 這三大排名也不例外（Hazelkorn, 2013; Rauhvargers, 2013; Downing, 2013）。或許排名不可能用同一尺度來概括所有院校，因此，Anowar et al.（2015）建議，應該制定一個合適的方法來有效定義不同院校。另一個排名評論者提出了一個可以採用的策略，他鼓勵排名多樣化，使用不同方法、不同比重和不同取向（Scott, 2013）。這種策略認為，沒有一個排名是令人滿意的，但多樣化的排名可以記錄到 21 世紀高等教育的多樣性（Scott, 2013）。毫無疑問，在過去十多年，HERS 在回應批評方面累積了相當豐富的經驗，所以某些排名系統決定改善某些層面的排名方法（Griffin, Sowter, Ice & O'Leary, 2018）。在概述對 HERS 和三大排名系統更廣泛普遍的批評後，本章最後一節會分析三大排名系統之一 AWRU；第五和第六章會以類似方法，分析三大排名系統中其餘兩個，即 QS WUR 和 THE WUR，同時討論這兩個排名系統的方法及其最新修訂。

上海世界大學學術排名（ARWU）

ARWU 在受歡迎的全球大學排名中最為穩定，因為自 2010 年以來，排名的核心方法沒有任何改變（Rauhvargers, 2014）。世界大學學術排名（ARWU）是由上海交通大學世界一流大學研究中心（CWCU）的研究人員編制（ShanghaiRanking Consultancy, 2003），世界大學學術排名（ARWU）由獨立的上海軟科教育信息諮詢有限公司出版並擁有版權。

ARWU 並不打算成為一個全面的大學排名，而是專注於高等院校的研究表現。因為上海排名團隊認為研究表現數據廣泛可用，並可以進行國際比較，因此是用來建構世界大學排名的唯一可靠數據（Yat Wai Lo, 2014）。上海排名團隊認為，由於大學和國家之間存在各種差異，不可能比較全球的教與學（Liu & Cheng, 2005），因此他們認為 QS 和 THE 採用的替代方法（學生教職員比例）是衡量教與學質素的合適方法。ARWU 以每年排名穩定而聞名（Calderon, 2016; Rauhvargers, 2014），這或許使媒體覺得這個排名不那麼有趣，因為媒體往往關注那些在排名榜大起大落的院校。ARWU 每年根據透明的方法和第三方數據，發佈全球首 500 位的大學排名。2017 年，ARWU 增加了排名 501 至 800 的大學，稱之為「ARWU 世界首 500 位候選者」（ARWU World Top 500 Candidates）（Wang, 2017）。在 2017 年發佈的排名榜中，ARWU 共排名超過 1,300 所大學（ShanghaiRanking Consultancy, 2017）。

上海排名擴大了其排名種類，包括世界大學學科領域排名（ARWU-Field）和全球學術學科排名（Global Ranking of Academic Subjects，英文簡稱 GRAS）（ShanghaiRanking Consultancy, 2017）。ARWU-Field 提供五大學科領域的世界前 200 位大學，包括自然科學和數學、工程 /

技術及計算機科學、生命及農業科學、臨床醫學及藥劑學、社會科學
（ShanghaiRanking Consultancy, 2003）。Shanghai Ranking Consultancy
（2014）認為，其所採用的方法合理、穩定且透明（ShanghaiRanking
Consultancy, 2003）。

ARWU 的排名方法

ARWU 為大學評分和排名（單獨或分不同等級）時，首先會收集
每所院校的原始數據，然後按比重決定及轉換原始數據值。綜合各項
指標分數後得出的總分將決定院校的名次或等級（Docampo, 2013）。
ARWU 的指標主要關注研究表現（Bekhradnia, 2017; Huang, 2011），且
集中於自然科學而非社會學科或人文學科，這點引來批評（Anowar et
al., 2015; Sorz, Fieder, Wallner, & Seidler, 2015）。

ARWU 所使用的六個標準，其中五個是計算數量，因此所有標準都
與院校的規模密切相關（Anowar et al., 2015; Bekhradnia, 2017）。這關
乎一種偏好，即偏向那些自 1901 年以來很少發生激進政治變革的國家
和歷史悠久的大學，這些大學的校名從來沒有改變（Billaut, Bouyssou
& Vincke, 2010）。獎勵發表更多論文而忽視其影響力，這做法招來一
些指責，包括強化量化科學、拆分發表及出版最小可發表單位的做法
（Patsopoulos et al., 2005）。然而，Holmes（2017）認為，數量是質素
的先決條件，有助達成規模經濟。Sorz et al.（2015）分析了 ARWU 的
排名結果，發現排名和分數之間存在極端非線性模式，具體來説，他們
證明了在 ARWU 每年的排名中，排名第一的大學的得分通常遠遠超過
其他大學。

透明度

排名結果的透明度是 ARWU 的一個重要問題，因此經常受到批評。雖然上海排名聲稱使用了精心挑選的客觀標準，並以國際可比較的數據為基礎，但他們沒有公開這些數據，因此無法查證是否真確（Billaut et al., 2010）。

表4.1 ARWU方法（2018）

標準及比重	如何量度	定義
教育質素	院校獲取諾貝爾獎及菲爾茲獎校友數目（10%）	一所院校獲得諾貝爾獎和菲爾茲獎的校友總數。「校友」的定義為獲得該院校頒發的學士、碩士或博士學位。根據獲頒學位的時間，設定不同比重。如果一人獲一所院校頒發多個學位，該院校只會計算一次。
教員質素	院校獲取諾貝爾獎及菲爾茲獎教員目數（20%）	一所院校獲得物理、化學、醫學和經濟學諾貝爾獎及數學領域的菲爾茲獎的教職員總數。「教職員」的定義為獲獎時在該院校工作。根據獲獎時間，設定不同比重。
	在 21 個廣泛學科類別中獲高度引用的研究人員（20%）	由 Clarivate Analytics 選出獲高度引用研究員的數量。2016 年 11 月，制定了一份新的獲高度引用研員名單。ARWU 只考慮院校的主要附屬機構。
研究成果	於《自然與科學》上發表論文（20%）	五年間在《自然與科學》上發表的論文數量。為了區分作者所屬院校的排序，100% 比重分配予通訊作者的所屬院校，50% 比重分配予第一作者所屬院校（假若第一作者所屬院校與通訊作者所屬院校相同，則分配予第二作者），第三作者所屬院校得 25%，其餘作者所屬院校得 10%。只計算「文章」類的出版發表。
	論文列於《科學引文索引》及《社會科學引文索引》（20%）	獲《科學引文索引》及《社會科學引文索引》收錄的論文總數。只計算「文章」類的出版發表。計算院校的論文總數時，對《社會科學引文索引》收錄的論文採用兩種特別比重。
人均表現	院校人均學術表現	上述五個指標的比重得分除以全職教職員人數。如果無法獲得一個國家的教職員人數，將使用上述五個指標的比重得分。

註：至於專注人文和社會科學的院校，如倫敦經濟學院，則不計算《自然與科學》期刊，《自然與科學》期刊的比重轉到其他指標。學術人員的數量數據來自國家機構，如國家教育部、國家統計局、國家大學和學院協會、國家校長會議。

以諾貝爾獎及菲爾茲獎為衡量教育及
教職員質素的指標

　　諾貝爾獎和菲爾茲獎顯然可以衡量研究的優秀程度，即使兩者並不涵蓋所有學科（Ioannidis et al., 2007; Billaut et al;, 2010）。Altbach（2006b）認為，使用諾貝爾獎來衡量可能會低估社會科學、人文學科以及其他非常多樣化且不斷擴展的學術領域，而諾貝爾獎並沒有涵蓋這些領域（De Witte & Hudrlikova, 2013; Huang, 2011）。Huang（2011）也認為諾貝爾獎及菲爾茲獎這兩個指標僅頒發給極其傑出的成就，不能反映更廣泛的學術成就。

　　同樣，為什麼擁有諾貝爾獎或菲爾茲獎獲獎校友的大學就一定能提供最好的教育，這點沒有人説得清楚（Ioannidis et al., 2007）。同理，如果認為擁有幾個獲獎者就能真實反映整個大學的研究表現，這假設可能不正確（Huang, 2011）。Billaut et al.（2010）的進一步調查指出，諸如計算機科學領域的圖靈獎（A. M. Turing Award）或天文學領域的布魯斯金獎（Bruce Gold Medal）等高知名度獎項，都被上海排名所忽視。

　　諾貝爾獎和菲爾茲獎得主通常在其他地方進行其突破革新的研究（Anowar et al., 2015; De Witte & Hudrlikova, 2013）。Laonnidis et al.（2007）發現，在 1997 年至 2006 年的 22 位諾貝爾醫學／生理學得獎者中，只有七位的得獎項目是在獲獎時所在的院校進行。人們可能會問，為什麼很久以前的獎項與院校現在的質素有關（Billaut et al., 2010）。因此，一所大學可以通過獵頭來招聘潛在得獎者，並立即獲得排名優勢，卻對該得獎者的研究成就沒有直接貢獻（Huang, 2011）。雖然減分方案有可能限制這些年代久遠獎項的影響，但影響仍在。此外，所採用的減分方案似乎完全是任意的（Billaut et al., 2010）。Billaut et al.（2010, 7）報道了以下一個有關單項諾貝爾獎對排名位置影響的有趣例子。

柏林大學在德國分裂後也分為兩所大學 —— 柏林自由大學（Free University of Berlin）和洪堡大學（Humboldt University），兩者爭論哪家大學該獲得愛因斯坦的諾貝爾獎。結果發現，任意將獎項歸於其中一方，使兩所大學在 ARWU 中的排名顯著不同。

以高度獲引用研究員為教職員質素指標

ARWU 使用由湯森路透（Thomson Reuters）匯編的高度獲引用研究員名單（ShanghaiRanking Consultancy, 2003）。該名單包含了 21 個次類別中獲引用次數最多的研究員姓名（ShanghaiRanking Consultancy, 2003）。Van Raan（2005）強調 ARWU 過於依賴湯森科學（Thomson Scientific）的選擇，但湯森科學是出於不同目的編制該名單。人們不滿以此名單作為排名指標，因為名單似乎偏愛醫學和生物學（Billaut et al., 2010）。Billaut et al.（2010）還指出，這 21 個次類別的規模並不通用，每個類別所使用的期刊數量及實際規模也不盡相同。與針對使用獎項作為指標來評估教職員質素的批評（Ioannidis et al., 2007; Huang, 2011）相類似，使用獲高度引用研究員名單也可能導致教職員的聘任是為了爭取排名優勢。例如，Bhattacharjee（2011）報告稱，來自不同學科六十多位「獲高度引用」研究員與一所大學簽署了兼職僱用安排，該大學會提供經濟獎勵，以換取研究人員在所屬院校一欄加上大學的名字。

2014 年，湯森路透宣佈修定識別獲高度引用研究人員的過程，使該方法與基本科學指標（Essential Science Indicators）的過程一致，並以此回應社會對 2012 年審查並發表獲高度引用研究人員過程結果的意見（Cram & Docampo, 2014）。修訂後的名單按領域來識別研究人員（Thomson Reuters, 2014）。湯森路透（Thomson Reuters, 2014）解釋了更新名單的動機（表 4.2）。

表4.2 獲高度引用研究人員名單的新方法

　　首先，為了關注更多當代研究成果，只調查了2002年至
2012年間論文引用數據庫Web of Science Core Collection中科學
和社會科學期刊的文章和評論。其次，不使用總論文引用次數
為影響力或「影響」的衡量標準，而是只考慮獲高度引用的論
文。高度引用論文是指在Web of Science索引列出的領域和年份
中，引用次數排名前1%的論文，年份常指出版年份，但並不一
定。這些數據來自基本科學指標（Essential Science Indicators，
英文簡稱 ESI），這些領域也是ESI所採用的領域——21個廣泛領
域由一系列期刊定義，特殊情況下，例如《自然與科學》這種
多樣學科期刊，則逐篇逐篇論文分配到某個領域。這種基於百
分比的選擇方法消除了因較早發表論文獲引用的優勢，較近期
發表的論文不會因而處於劣勢，因為論文是與同一年度的其他
論文相比。

　　那些在 ESI 定義的領域內發表獲高度引用論文的研究員被
視為是具影響力的，因此，發表多篇排名前1%的論文是具有
特殊影響力的標誌。相對於依賴多年總引用次數的分析，這種
分析令較年輕的研究人員更易嶄露頭角。制定新名單的目標之
一，是能夠識別處於職業生涯初階、中段及高級的研究人員。
確定名單中每個領域有多少研究人員，所依據的是每個領域的
人數，即 2002 至 2012 年該領域所有獲高度引用論文作者名字的
數量。ESI 領域的規模差異很大，其中臨床醫學規模最大，空間
科學（天文學和天體物理學）規模最小。作者名字數量平方根
表示應該選取多少人。

（續表4.2）

　　選取的首要標準是，研究人員獲高度引用的論文需要有足夠引用次數，總引文量在ESI領域中排名前1%，在某個領域符合這個標準的獲高度引用論文作者按這論文數目排名，納入名單的門檻是總人數的平方根，即使最終名單超過了平方根計算得出的數量，所有發表獲高度引用論文的作者只要達到門檻水平，就會獲列入名單。此外，這分界線定得有點武斷，折衷方法是，如果任何研究人員的獲高度引用論文比門檻所定的少一篇，但其獲高度引用論文的總引用次數足以使該研究員在門檻水平或更高的總引用次數中排名前50%，也能獲納入名單。湯森路透引文分析師認為，這種邊緣調整的做法，能有效識別具影響力的研究人員。

以引文數據庫作為研究成果指標

　　文獻計量學強調，為了制定相關且具意義的指數，必須考慮到研究的影響力（Moed, 2002）。但是，使用引文數據庫並非沒有缺點（Van Raan, 2005）。本章前面已經討論過使用引文數據庫作為排名系統指標時所涉及較普遍的技術問題。

　　ARWU 使用三個論文引用數據庫作為研究成果指標，分別是《自然與科學》、《科學引文索引 —— 擴展版》（*Science Citation Index-expanded*, SCI）及「社會科學引文索引」（*Social Science Citation Index*, SSCI）（ShanghaiRanking Consultancy, 2003）。Huang（2011）認為，SCI／SSCI 論文指標過分強調數量成果（發表論文的數量），而沒有衡量成果的質素（這些論文的引用／使用情況）。自然／科學指標與獲獎者指標有類似的問題，即過度強調極其突出的研究，並偏向某些

學科（Huang, 2011）。雖然數據集並不「完美」，這一點可以方便地用來批評基於數據集所產生的結果，但這種不完美可能更有助充分了解潛在的錯誤和不確定性，並確保在少量錯誤的情況下，結論仍然可靠（Cram & Docampo, 2014）。真正的問題不是使用文獻計量指標本身，而是應用發展欠佳的文獻計量方法（Van Raan, 2005）。

人均表現指標

這個標準顯然受到所有不精確和不準確的決定因素影響（Billaut et al., 2010）。此外，ARWU 的編撰者並沒有詳細說明從哪些來源收集全職等同（full time equivalent，英文簡稱 FTE）學術人員數目的資料（Billaut et al., 2010）。不同國家和大學對教職員的不同定義可能會扭曲與院校規模相關的測量，並造成排名比較最終是否有效的問題（Huang, 2011）。如果沒有關於院校規模的數據，便會忽略這個層面，而排名將基於其他層面的比重平均值，但這個做法也會形成排名數據失準的結果（Harvey, 2008）。

總結

本章討論了一些對大多數排名系統較廣泛常見的批評。這些批評涵蓋哲學層面及實踐層面，也有關於什麼構成一所優秀大學的分歧意見，甚至有對教與學質素替代指標價值的質疑。此外又提出主要問題之一，即核實院校所提交數據的能力，特別是考慮到全球各地大學負責提交排名數據的部門所面對的壓力。儘管 HERS 堅稱他們審查了院校這些數據，但問題是，沒有一個審查系統能使所有利益相關者滿意。而相關審查過程對排名機構來說都是非常昂貴的，畢竟他們的業務是創造收入，而收入必須高於支出。

雖然學術界裏很多人認為 ARWU 排名系統可能是最可信的，但本章明確指出，ARWU 的排名方法上存在重大問題，而且這排名系統異常穩定，對於媒體而言也產生問題，因為媒體通常會報道每年的變化。對於諾貝爾獎或菲爾茲獎、獲高度引用的研究人員、引文數據庫和人均表現指標這幾方面，在實踐中都有各自的問題，難有令人滿意的解決方案。第五章會採用同樣的批判角度，審視 QS WUR。雖然 QS WUR 對媒體具有吸引力，但其所選用的方法、提交數據的真實性、對聲譽指標的依賴都可能存在問題。第六章則探討三大排名系統中歷史最短的系統 —— THE WUR。THE WUR 表現出許多與 QS WUR 相關的潛在問題，同時還忽略了任何可能與就業現實相關的指標。大多數畢業生在取得第一個學位後就投身就業市場，這應該是所有大學和 HERS 應該關注的重要領域。

參考資料

Aguillo, F., Bar-Ilan, J., Levene, M., & Ortega, J. L. (2010). Comparing university rankings. *Scientometrics*, 85: 243–256.

Altbach, P. G. (2006a). *International higher education: Reflections on policy and practice.* Boston: Center for International Higher Education, Boston College. Retrieved from: www.be.edu/content/dam/files/research_sites/cihe/pubs/Altbach_2006_Intl_HigherEd pdf

Altbach, P. G. (2006b). The dilemmas of ranking. *Center for International Higher Education*, 42, 2–3.

Altbach, P. G. (2017). The complex diversity of Southeast Asian postsecondary education. *International Higher Education*, 88, 16–18.

Altbach, P. G., & Hazelkorn, E. (2017). Pursuing rankings in the age of massification: For most - forget about it. *International Higher Education*, 89, 8–10.

Anowar, F., Helal, M. A., Afroj, S., Sultana, S., Sarker, F., & Mamun, K. A. (2015). A critical review on world university rankings in terms of top four ranking systems. In K. Elleithy & T. Sobh, *Lecture notes in electrical engineering 312: New trends in networking, computing, e-learning, systems sciences, and engineering* (pp. 559–566). New York: Springer International Publishing.

Baty, P. (2011). Global reputation surveys important to rankings. Retrieved from: www.universityworldnews.com/article.php?story=20110715 164806119

Baty, P. (2014). The Times Higher Education World University Rankings, 2004–2012. *Ethics in Science and Environmental Politics*, 13(12), 1–6.

Baty, P. (2017). World university rankings 2018: Now starring a cast of thousands. Retrieved from: www.timeshigher education.com/world-university-rankings-2018-now-starring-cast-thousands

Bekhradnia, B. (2017). *International university rankings: For good or ill.* London: Higher Education Policy Institute.

Bhattacharjee, Y. (2011). Saudi universities offer cash in exchange for academic prestige. *Science*, 334, 1344–1345.

Billaut, J. C., Bouyssou, D., & Vincke, P. (2010). Should you believe in the Shanghai ranking? An MCDM view. *Scientometrics*, 84, 237–263.

Bougnol, M., & Dula, J. H. (2015). Technical pitfalls in university rankings. *Higher Education*, 69, 859–866.

Bowman, N. A., & Bastedo, M. N. (2010). Anchoring cffects in world university rankings: Exploring biases in reputation scores. *Higher Education*, 61(4), 431–444.

Calderon, A. (2016). Winners and losers in the ARWU ranking. Retrieved from: www. universityworldnews.com/aricte php?story=201608221 54429700

Connell, C., & Saunders, M. (2012). Mediating the use of global university rankings: Perspectives from education facilitators in an international context. *Journal of Studies in International Education*, 17(4), 354–376.

Cram, L., & Docampo, D. (2014). Highly cited researchers and the Shanghai ranking. Retrieved from: www.researchgate.net/profile/Domingo_Docampo/ publication/2621827 10_Highly_Cited_Researchers_and_the_Shanghat_ranking/ links/0deec536e08796493f000000 pdf

Daraio, C., Bonaccorsi, A., & Simar, L. (2014). Rankings and university performance: A conditional multidimentional approach. Retrieved from: http://risis.cu/wp-content/ uploads/2014/08/daraio_bonaccorsi_simar_cond_rankings_TR-n-9-2014 pdf

De Witte, K., & Hudrlikova, L. (2013), What about excellence in teaching? A benevolent ranking of universities, *Scicntometrics*, 96(1), 337–364.

Dill, D., & Soo, M. (2005). Academic quality, league tables, and public policy: A cross analysis of university ranking systems. *Higher Education*, 49(4), 495–533.

Docampo, D. (2013). Reproducing of the Shanghai Academic Ranking of World Universities results. *Scientometries*, 94(2), 567–587.

Downing, K. (2012). Do rankings drive global aspirations? In M. Stiasny, & T. Gore, *Going global: The landscape for policymakers and practitioners in tertiary education* (pp. 31–39). London: Emerald Group Publishing Ltd.

Downing, K. (2013), What's the use of rankings? In P. T. Marope, P. J. Wells, & E. Hazelkorn, *Rankings and accountability in higher education: Uses and misuses*: (pp. 197– 208). Paris: United Nations Educational, Scientific and Cultural Organization.

Goglio, V. (2016). One size fits all? A different perspective on university rankings. *Journal of Higher Education Policy and Management*, 38(2): 212–226.

Griffin, S., Sowter, B., Ince, M., & O'Leary, J. (2018). QS World University Rankings 2019 supplement. Retrieved from: www.topuniversities.com/student-info/qs-guides/qs-world- universiry-rankings-2019-supplement

Harvey, L. (2008). Rankings of higher education: A critical review. *Quality in Higher Education*, 14(3), 187–207.

Hazelkorn, E. (2013). How rankings are reshaping higher education. In V. Climent, F. Michavila, & M. Ripollés, *Los rankings universitarios, Mitos y Realidades*. Tecnos.

Hazelkorn, E. (2014). Reflections on a decade of global rankings: what we've learned and outstanding issues. *European Journal of Education*, 49(1), 12–28.

Hazelkorn, E., & Ryan, M. (2013). The impact of university rankings on higher education policy in Europe: A challenge to perceived wisdom and a stimulus for change. In P. Zgaga, U. Teichler, & J. Brennan, *The Globalization Challenge for European Higher Education: Convergence and Diversity*, Centres and Peripherics. Frankfurt: Centre for Social and Educational Research.

Holmes, R. (2005). Evaluation basis flawed. *New Straits Times*, 2 December, p. 26.

Holmes, R. (2017), Comments on the HEPI report. Retrieved from: http://rankingwatch. blogspot.co.za/2017/01/comments-on-hepi-report.html

Holmes, R. (2017). Doing something about citations and affiliations. Retrieved from: http://rankingwatch.blogspot.com/2017/04/doing-something-about-citations-and.html

Holmes, R. (2017). Ranking debate: What should Malaysia do about the rankings? Retrieved from: http://rankingwatch.blogspot.co.za/

Holmes, R. (2017). University ranking watch. Retrieved from: http://rankingwatch. blogspot.co.za/2017/01/comments-on-hepi-report.html

Huang, M. (2011). A comparison of three major academic rankings for world universities: From a research evaluation perspective. *Journal of Library and Information Studies*, 9(1), 1–25.

Ioannidis, J. P., Patsopoulos, N. A., Kavvoura, F. K., Tatsioni, A., Evangelou, E., Kouri, I., ... Liberopoulos, G. (2007). International ranking systems for universities and institutions: A critical appraisal. *BMC Medicine*, 5(1): 30.

Kaychen, S. (2013). What do global university rankings really measure? The search for the x factor and the x entity. *Scientomertrics*, 97(2): 223–244.

Liu, N. C., & Cheng, Y. (2005). The academic ranking of world universities. *Higher Education in Europe*, 30(2), 127–136.

Marginson, S. (2007). University rankings, government and social order: Managing the field of higher education according to the logic of the performative present-as-future. In M. Olssen, M. Peters, & M. Simons, *Re-reading educational policies: Studying the policy agenda of the 21st century* (pp. 2–16). Rotterdam: Sense Publishers.

Marope, M., & Wells, P. (2013). University rankings: The many sides of the debate. In P. T. Marope, P. J. Wells, & E. Hazelkorn, *Rankings and accountability in higher education: Uses and misuses* (pp. 1–7). Paris: United Nations Educational, Scientific and Cultural Organisation.

Merisotis, J., & Sadlak, J. (2005). Higher education rankings: Evolution, acceptance and dialogue. *Higher Education in Europe*, 30: 2–97.

Moed, H. F. (2002). The impact factors debate: The ISI's uses and limits. *Nature*, 415, 731–732.

O'Malley, B. (2016). 'Global university rankings data are flawed' – HEPI. Retrieved from: www.universityworldnews.com/article.php?story=20161215001420225

Patsopoulos, N. A., Analatos, A. A., & Ioannidis, J. P. (2005). Relative citation impact of various study designs in the health sciences. *The Journal of the American Medical Association*, 293(19), 293–369.

Rauhvargers, A. (2013). *Global university rankings and their impact: Report 2*. Brussels: European University Association.

Rauhvargers, A. (2014). Where are the global rankings leading us? An analysis of recent methodological changes and new developments. *European Journal of Education*, 49(1), 29–44.

Redden, E. (2013). Scrutiny of QS rankings. Retrieved from: www.insidehighered.com/news/2013/05/29/methodology-qs-rankings-comes-under-scrutiny

Savino, M., & Usher, A. (2006). *A world of difference: A global survey of university league tables*. Toronto: Educational Policy Institute.

Scott, P. (2013). Ranking higher education. In P. T. Marope, P. J. Wells, & E. Hazelkorn, *Rankings and accountability in higher education: Uses and misuses* (pp. 113–128). Paris: United Nations Educational, Scientific and Cultural Organisation.

ShanghaiRanking Consultancy (2003). About us. Retrieved from: www.shanghairanking.com/aboutus.html

ShanghaiRanking Consultancy (2017). Academic ranking of world universities 2017. Retrieved from: www.shanghairanking.com/index html

ShanghaiRanking Consultancy (2017). Discovering world-class: Academic rankings of world universities. Retrieved from: www.shanghairanking.com/:https://drive.google.com/file/d/0Bw2rAawlHIvBUlFDcElPRTlmMFU/view

ShanghaiRanking Consultancy (2017). Shanghairanking's global ranking of academic subjects. Shanghai: Shanghairanking Consultancy.

Shastry, V. (2017). Inside the global university rankings game. Retrieved from: www.livemint.com/Sundayapp/SxzP28yPCeSyNUCDpfSYiJ/Inside-the-global-university-rankings-game.html

Soh, K. (2015). Multicolinearity and indicator redundancy problem in world university rankings: An example using Times Higher Education World University Ranking 2013-2014 data. *Higher Education Quarterly*, 69(2), 158–174.

Sorz, J., Fieder, M., Wallner, B. & Scidler, H. (2015). High statistical noise limits conclusiveness of ranking results as a benchmarking tool for university management. Retrieved from: www.academia.edu/ 11815558/High_statistical _noise_limits_ conclusiveness_of_ranking_results_as_a_benchmarking_tool_for_university_ management

Sowter, B. (2017). How did Vel Tech University get such a high rank on the top Asian universities list? Retrieved from: www.quora.com/How-did-Vel-Tech-University-get-such-a-high-rank-on-the-top-Asian-universities-list/answer/Ben-Sowter-I?srid=TZue

Sowter, B. (2017). Rankings – A useful barometer of universities' standing. Retrieved from: www.universityworldnews.com/article.php?story =20161222112407402

Taylor, P., & Braddock, R. (2007). International university rankings systems and the idea of university excellence. *Journal of Higher Education*, 29(3), 245–260.

Thomson Reuters (2014). About highly cited researchers. Retrieved from: http://highlycited.com/info.htm

Toutkoushian, R. K., Teichler, U., & Shin, J. C. (2011). *University rankings: Theoretical basis, methodology and impacts on global higher education*. New York: Springer.

Van Raan, A. F. (2005). Fatal attraction: Conceptual and methodological problems in the ranking of universities by bibliometric methods. *Scientometrics*, 62(1), 133–143.

Waltman, L., Medina, C. C., Kosten, J., Noyons, C. M., Tijssen, R. J., van Eck, J. W., ... Wouters, P. (2011). The Leiden Ranking 2011/2012: Data collection, indicators and Interpretation. *Centre for Science and Technology Studies, Leiden University (The Netherlands)*, 791–802.

Wang, S. (2017). Shanghairanking's Academic Ranking of World Universities 2017 press release. Retrieved from: www.shanghairanking.com/Academic-Ranking-of-World-Universities-2017-Press-Release.html

Yat Wai Lo, W. (2014). *University rankings: Implications for higher education in Taiwan*. Singapore: Springer.

5

評估三大高等教育
排名系統

普遍問題及 QS WUR 詳細分析

引言

　　QS 世界大學排名（QS World University Rankings, QS WUR）於 2004 年首次發表，與《泰晤士高等教育增刊》（*Times Higher Education Supplement*）合作，而這合作關係持續了五年，並引起廣泛關注，包括準備升讀大學的學生、家長、學者及廣大的公眾。二者的合作為全球高等教育排名系統的發展和傳播提供了動力，同時亦引發了激烈的爭論，如有關全球高等教育院校排名比較的價值及其準確度的討論。這次合作十分成功，以至無可避免地被引入到其他系統高等教育市場環境中，而這個市場環境現已變得很不一樣，現今高等教育市場裏的大學管理層深刻地明白到全球的流動與競爭，並且意識到在至少一個全球或地區排名中取得進步所帶來的聲譽價值。大學覬覦排名榜首之位，並為此展開激烈競爭，因為排名確實能為頂尖的年輕大學提供機會，展示其取得國際認可的進展。現時三大高等教育排名系統之間的競爭，尤其是曾經的合作夥伴 QS 和 THE 之間的競爭，與全球頂尖大學之間的競爭一樣激烈，這見之於最新結果公佈日期的變化、排名機構提供衍生產品以爭取高等教育收入，還有定期推出新的地區排名或主題排名，從而擴大客戶數據庫，使其不再限於全球精英大學。此外，QS 和 THE 都聲稱其方法合適，也是比較排名高等教育院校的最恰當方法。本章及第六章會嚴謹地審視這些說法，以及 QS 和 THE 排名系統。

QS 世界大學排名（QS WUR）

　　QS 世界大學排名（WUR）在 2002 年連續第 17 年發佈。2021 年度 QS 世界大學排名於 2020 年 6 月發表，為 100 個國家的 1,000 多所大學進行排名。QS 在發表年度排名前評估了約 5,000 所大學，它最近亦將排名組別以每 100 所大學來劃分（例如從 401+ 至 501+），以增加

具體排名名次的大學數量（Griffin, 2018）。QS 排名還包括分類，以便讀者選擇不同規模、歷史、專科學位的大學（O'Leary, 2015）。

在 QS 世界大學排名的首十年中，QS 擴展衍生出不同排名：學科與學科領域排名；亞洲、拉丁美洲、金磚國家和阿拉伯國家等地區排名；創校 50 年以下最佳大學排名；最佳學生城市排名。此後，QS 又增加了更多區域排名，如新興歐洲及中亞大學排名。QS 還發展出其他排名，包括研究生就業能力排名，反映現今學生畢業後有多大機會獲取高薪厚職；還有系統實力排名，評估各種高等教育體系在入學及資助方面的實力（QS Quacquarelli Symonds Ltd, 2017）。現在幾乎每個月都會發佈一項排名，再加上 THE 的排名，可見媒體有多麼渴求這些排名資訊。據《泰晤士報》、《星期日泰晤士報》優秀大學指南的編輯、QS 顧問委員會成員 John O'Leary 所說，QS 世界大學排名有明確目的，與其他排名不同：

> 與其他專為學者或政府而設的排名不同，QS 世界大學排名特別關注有意報讀學生及其家庭的需要。

> （O'Leary, 2015, 19）

雖然這是 QS 排名宣稱的目標，但 QS 和 THE 排名一樣，是個商業機構，其收入來自渴望在排名中進步的大學，這些機構的主要商業模式是大學在他們那裏下廣告，或購買排名衍生出來的各式各樣產品。QS 和 THE 的商業模式非常強大，因為大學幾乎都必須參與排名，否則就會因其不參與或表現不佳而受本地媒體和其他各方批評。在這種情況下，大學的管理層和管治機關不得不參與，並被迫成為排名機構的客戶之一。

QS WUR 的排名方法

　　QS 經常被批評其排名方法不透明（Kaychen, 2013），主要原因在於過分依賴聲譽調查。雖然有這樣的批評，但 QS 是第一批按柏林原則受「審核」的 HERS 之一，且獲 IREG 認可，而柏林原則其中一條就與透明度有關。Redden（2013）和 Huang（2011）認為，QS 的排名方法備受爭議，很大程度上是因為它比其他排名機構更依賴聲譽調查。綜合來看，50% 的 QS 世界大學排名方法以調查形式進行（Redden, 2013）。學術聲譽調查佔總比重的 40%，類似的僱主聲譽調查佔總比重的 10%。QS 排名比較了學生關注的四大範疇：研究、教學、就業能力及國際視野（QS Quacqurellie Symonds Ltd, 2018）。下頁表 5.1 展示了 QS 採用的大學排名方法，而 QS 採用這些衡量準則的理由也列於表中。Z- 轉換（Z-transformation）（或「正常」或「標準」分數）應用於每項衡量準則，以確保預期的數額會計算到總分中，這包括從每項單獨的分數中減去平均分數，然後除以分數的標準偏差（Sowter, 2015）。

學術及僱主聲譽指標

　　長久以來，QS 排名所採用的學術聲譽指標在研究人員間引起爭議（Huang, 2012），他們普遍認為，同行評審很容易使結果偏向國際較知名的大學（Anowar et al., 2015; Ioannidis et al., 2007; Taylor & Braddock, 2007）。某程度上，這論點證明了這些調查至少能反映一所大學的全球地位。QS 認為，當聲譽調查的深入程度提升，範圍擴大，便能為學生提供非常寶貴的資訊（Griffin, 2018）。學生希望了解全球學術界和僱主如何評價他們有可能入讀的大學。Sowter（2015）甚至認為學者是判斷大學的最佳人選。

表5.1 QS世界大學排名方法，根據QS Quacquarelli Symonds Ltd, (2018); (Griffin et al., 2018)

標準及比重	如何衡量	納入的理由
學術聲譽 (40%)	基於對大約 100,000 名學者的全球調查（數目不斷增加）。調查要求參與者指出他們認為在其專業領域內，哪所院校正進行的研究是最優秀的。	給予不同學科相同比重，而不是以研究引用次數為準。例如，生物醫學科學的引用率遠高於英國文學，學術聲譽調查則將不同領域學者的回應給予同等比重。
		這樣可讓學生知道專家一致的意見，學者可能不太適合評論其他院校的教學水平，但他們確實有權就其領域內現今最重要的研究發表意見。
僱主聲譽 (10%)	基於對大約 50,000 僱主的全球調查（數目不斷增加）。調查要求僱主指出他們認為哪所大學培育出最優秀的學生。	對要做重要學習決定的學生來說，最關鍵的是未來就業能力。這意味着，僱主對一所院校是否能培養聲譽良好、準備充足的畢業生的看法，為大學的表現提供了重要啟示。
師生比例 (20%)	聘任學術人員數目對應註冊學生數目。	評估學校為學生提供與講師、導師有意義的接觸機會能力，且意識到每名學生對應教職員的數量越多，每個學者的教學負擔就會減輕。
每名教職員的論文引用次數 (20%)	QS 使用 Elsevier 的 Scopus 數據庫數收集此類資料，該數據庫是全球最大的研究摘要和引用數據庫。使用五年的完整數據，並根據大學學術人員數目來評估總引用次數，以確保規模較大的院校不會有不公平的優勢。	這個指標旨在評估大學的研究成果。「引用」是指一項研究在另一項研究中獲引用（提及）。通常一項研究獲其他研究引用次數越多，就越有影響力。因此，一所大學發表的高引用研究論文越多，其研究成果就獲視之為越厲害。
國際學生比例 (5%)	國際學生佔全部學生的比例。	評估一所大學在吸引其他國家學生及教員方面有多成功。
國際教員比例 (5%)	國際教員佔全部教員的比例。	評估一所大學在吸引其他國家學生及教員方面有多成功。

在缺乏更精確數據和更多最新研究比較的情況下，聲譽指標已成為 QS 世界大學排名的核心要素。「有誰比在大學工作的人更清楚哪所大學是最好的？」

（Sowter, 2015）

根據 Sowter（2015）的說法，學術調查所得出的分數不像研究引用分數般較易偏向英語國家。

受訪者來自參與排名的大學、以前曾參與調查的學者及第三方數據庫（Sowter, 2015）。參與學術調查的受訪者涵蓋了所有學術和行政職位，他們的職級包括講師到大學校長。受訪者選擇了一些他們認為在所屬領域內最好的大學，但不包括他們自己的大學（Baty, 2009）。在 2019 年的排名，QS 調查了全球超過 83,877 名學者（參與者），以找出他們熟悉的領域內眼中最佳的研究院校（QS Quacquarelli Syonds Ltd, 2018）。受訪者提名的院校由 2008 年的 4,378 所增加到 4,764 所（2019 年排名），增長了近 9%（Griffin, Sowter, Ince & O'Leary, 2018）。調查的回覆按地區分配比重匯編成五大學科領域指數，這些領域的比重相等，然後合併得出最後結果（Sowter, 2015）。

QS WUR 僱主聲譽指標佔總分 10%，指標的數據來自最近期的僱主調查，調查向全球 42,862 名僱主收集大學提名（Griffin et al., 2018）。在 2019 年的排名，僱主提名了 140 個國家約 4,063 所院校（Griffin et al., 2018）。學術與僱主聲譽調查的參與人數上升，對調查的興趣亦增加，這可歸因於僱主和學術界越來越重視 QS 調查（Griffin, 2018）。雖然樣本數目逐年增加，而且 THE 也很依賴從較小樣本中得出的調查數據（下一章會詳細討論），許多學者仍然批評 QS WUR 過分依賴同行評審調查（Anowar et al., 2015; Kaychen 2013）。他們認為，雖然聲譽調查可能有其價值，但同行的保守主義和院校聲譽受院校的歷史、規模、名稱、國家偏見所影響，故成見依然存在（Soh, 2015; Kaychen,

2013）。這論點尤其有趣，但在全球排名出現之前，聲譽大概是評估大學表現的唯一方法。

在詳細考查過 2009 年 QS 排名結果後，Huang（2012）關注到 QS 同行評審過程中的某幾個方面，例如，從每個國家收回的問卷數量嚴重影響到調查結果；此外，有跡象顯示，在全球發放問卷及計算結果的方式都對英聯邦國家更為有利（Anowar et al., 2015）；再者，Huang（2012）認為，收集回來的調查問卷主要來自三個領域：工程與資訊科技、自然科學及社會科學。大部分僱主的評價來自四個行業：金融服務／銀行、顧問／專業服務、製造業／工程、資訊科技／計算機服務。Huang（2012）還認為，調查的執行方式缺乏清晰規範，問卷的回應因而有可能被操控（Huang, 2012）。

於是 QS 發表聲明，列出十個原因，指出排名不可能受操控，當中有一套健全的過程與程序，以確保產生排名的措施真確有效，例如調查參與者不能提名目前聘任他的院校。這十個原因見表 5.2。

最近對 QS 聲譽指標的修訂

在 2015 年（預備 2016 版）期間，QS 調整了其處理學術聲譽和僱主聲譽的方法，並採用五年歷史數據視角，而非 2015 年之前所使用的三年歷史視角。四年前和五年前收集的舊數據，所佔比重分別是最近數據的一半和四分之一（Hang, 2012; QS Quacquarelali Symonds Limited, 2017; Sowter, 2015）。Bekhradnia（2017）批評了這項修訂，認為在五年時間裏重複使用相同回應，這意味着 QS 可能把退休學者和僱主的意見計算在內。至於僱主聲譽調查，QS 在 2018 年版中開始劃一國際和國內回應的比重，兩者都佔 50%。此前，國際回應佔 70%，國內回應佔 30%。

表5.2 QS 確保排名真確有效的程序

嚴格的參與政策	根據政策,就所有用作 QS 排名的調查,都禁止向任何預期的調查受訪者索取具體回應,或指導其作出具體回應。如果 QS 情報部門收到此類活動的證據,院校將收到一次書面警告,之後代表該院校所作的回應有可能不獲納入該年度的調查之內。不僅調查回應被判為無效,而且在匯編相關指標結果時,涉及此類活動的院校可能受到處罰。
不能選擇自己的院校	QS 鼓勵受訪者對多達 40 所院校(10 所國內院校及 30 所國際院校)發表真實意見。受訪者不能選擇自己所在的院校。
報名篩選流程	QS 情報部門要求每個參與 QS 全球學術調查的人士都必須通過學術報名程序,以核實是否真確有效,只有通過篩選程序的人才會獲 QS 聯繫。
精密的異常檢測演算法	QS 情報部門定期對其調查回應進行異常檢測程序,這些演算法旨在測出異常表現或非典型回應模式。不符合某些規範的回應會被刪除,並會深入審查表現異常或回應好得難以令人信服的院校。
領先市場的樣本數量	要有效影響結果,必須大規模動員,且協調一致,但這必然會引起注意。
學術誠信	雖然任何群體都有例外,但學者通常非常重視他們的「學術誠信」。QS 相信,絕大多數受訪者都會給予真實意見,指出他們認為在所屬領域內表現最好的院校,不管是否有任何外部人士試圖以直接或間接的溝通方式影響他們的決定。
國際重點	調查分析的設計是為了使國際回應比國內回應更受重視。影響國際回應比影響國內學者的意見困難得多,因為國內學者更有可能熟悉自己國家的大學。
三年調查樣本	將回應與前兩年的回應相結合,任何人超過一年前提交的較舊回應會被剔除,這減少了當年回應模式變化所帶來的影響。要產生實際影響,任何影響結果的做法都必須持續三年之久。
觀察名單	QS 情報部門保留一份名為「觀察名單」的院校名單,這些院校在 QS 的程序中符合額外審查條件,任何試圖影響結果的院校都會自動列入名單中。當分析時,QS 將特別謹慎審查對名單上院校有利的回應,以確保這些院校不會獲得任何不恰當的優勢。
QS 全球學術顧問委員會	QS 全球學術顧問委員會由 30 名備受尊崇的學術界人士組成,其任務是維護任何 QS 排名方法完備。委員會的執行成員包括 John O'Leary、Martin Ince、Ben Sowter 和 Nunzio Quacquarelli,他們是世界大學排名於 2004 年首次推出時的四名發起人,這幾位執行成員在大學排名方面擁有超過 50 年經驗。

QS 師生比例指標

如表 5.1 所示，師生比例佔 QS 世界大學排名總分的 20%，代表院校的教學質素（Bekhradnia, 2017）。儘管資訊科技發展迅速，但許多學者仍然認為，在傳統大學裏，面對面接觸是無法替代的。第三章已討論了全球對教與學「質素」定義的爭論，得出的結論是，教育方法（甚至在同一所大學中）差異很大，因此評估不可能達到全球一致。Downing（2012）持務實觀點，認為即使師生比例指標並非一項特別精準的教與學質素評估，但至少應該衡量學生與講師及學術同儕接觸的時間及潛在接觸機會。Sowter（2015）認為學生傾向重視小組及諮詢導師的機會，並認為師生比例這指標有一定效用。Huang（2012）指出，除了很難獲取數據外，每所大學的教職員和學生定義也不一致；有時大學可能會誇大教職員的數量，導致該指標無法準確反映教學質素和實際學習環境。然而，至少在某程度上可以防範這種情況，因為誇大教職員人數會損害每位教職員的引用次數指標表現，因為兩者都使用相同的教職員全職等值（FTE）。此外，Bekhradnia（2017）認為，大學可以決定聘任只從事研究工作的員工，以提高師生比例，這些員工不一定要與學生接觸，但師生比例這指標的本意是代表教學質素。

QS 教職員人均引用次數指標

頂尖學術期刊的引用次數是衡量院校研究實力的傳統方法，也是國際學術最常見的依據。引用次數除以教職員人數能顯示院校的規模。所採用的教職員人數不限於研究人員，還應包括任何參與研究、教學或其管理的人員。要收集與教職員人數相關的精準數據一直很困難，QS 也承認這方面是未來改善排名方法的重點（Sowter, 2015）。在計算每名教職員的引用次數指標時，所提交的教職員全職等值數字就是用以計算

師生比例的教職員全職等值數字，因此，如果院校為了獲得更好的師生比例得分而誇大教職員人數，將對其引用次數得分產生負面影響。

2019 年版的 QS 世界大學排名分析了近 1,300 萬篇論文和 6,700 萬次引用，這些數據來自 Elsevier 的 Scopus 數據庫（Griffin et al., 2018）。Griffin（2018）指出，從 2018 年版到 2019 年版，教職員人均論文引用次數從每位學者 52 次增加到每位學者 60 次。同樣，參與院校的研究成果增加了約 12.1%（Griffin et al., 2018）。雖然引用次數可視為相對客觀的數據，但僅使用平均引用次數可能有利於大學只發表少量論文而其中少數獲頻繁引用（Huang, 2011）。由於不同學科領域採用不同引用模式，社會科學領域的引用次數與教職員比例通常都低於科學領域，這可能導致排名偏向特定學術領域（Huang, 2012）。

教職員人均引用次數指標的修訂

QS 顯然知道對這指標的批評，並有所回應。過去幾年，教職員人均引用次數指標產生了一些變化。首先在 2015/16 年度，對每篇論文的所屬院校數量設定了上限，最初的設定為十所；然後，在 2016/17 年度，回應眾多反對意見，對每篇論文所屬院校數量上限按領域區分。2016/17 年版，每個領域的引用次數也劃一規範（Huang, 2012; QS Quacquarelli Symonds Limited, 2017; Holmes & Siwinski, 2016）。在 2017/18 年版中，QS 公佈的排名表摒除了同年累積的引用次數。此外，計算論文引用的年期由五年擴展到六年，同時論文出版的年期保持為五年（QS Quacquarelli Symonds Ltd, 2017）。因此，在 2019 年版中，QS 計算了 2012 至 2016 年累計的引用次數，這些次數是由 2012 至 2017 年出版的論文所產生的（Griffin et al., 2018）。雖然這些改變大大影響了排名的穩定性，但似乎很多學者都認為這改善了排名方法。

QS 國際學生及國際教職員指標

　　要在日益全球化和國際流動的環境中蓬勃發展，真正世界一流的高等教育院校必須致力於國際化，並努力將國際化納入策略及營運的重要範疇（Gao, 2015）。QS 排名方法有兩個比重較輕的指標，包括要求院校提交持有海外國籍的 FTE 教職員數目（5% 比重）及 FTE 學生數目（5% 比重）（QS Quacquarelli Symonds Ltd, 2017）。Sowter（2015; para 5）指出，QS 計算國際教職員及學生比例的可取之處是：

- 一所院校吸引、留住和酬報國際教職員的能力，可以視為衡量質素的標準。國際教職員的比例也可令人覺得院校多元化，或感覺院校邁向國際。
- 外國學生比例是另一個因素，讓人覺得院校多元化，或許也令人感覺到院校對國際學生、學術及其他支援的投入與承擔。

　　然後，計算出 FTE 國際教職員及學生佔所提交總 FTE 教職員和學生的比例，國際教職員或學生的比例越高，這些指標的得分就越高。因此，這個指標與師生比例相似，都是完全基於院校提交的數字。很可惜，並非世界各地的所有院校都收集、擁有或提交準確的數據，因此這些指標有可能被濫用，且備受批評。QS 確有審查突然大幅變化的數字，並且院校需要合理解釋任何劇變，但這對於任何 HERS 來説都既耗時又昂貴，因此不能完全解決問題。然而，當 QS 有確鑿證據證明提交的數據不實，或故意歪曲同行評審調查的回覆，他們就會把某些大學從排名中剔除。媒體也非常關注不準確的數據，但他們的分析通常很膚淺，只會比較提交給政府和排名機構的數字。鑒於每個排名機構和世界各國政府對提交數據的定義和準則不盡相同，這些比較通常完全沒有意義。幾年前，可能受到某個當地嫉妒的競爭對手激發，媒體進行了這樣的比較，結果一所著名的亞洲大學成為第一所自願委託「四大」審計公司之一，對大學所提交的數據進行全面外部審核，結果這家審計公司完

全贊同大學所提交的數據。或許值得注意的是，在本文撰寫時，還沒有其他大學冒險採取同樣行動。

QS 世界大學排名 2019 年度版次顯示，前 500 所大學聘用了259,021 名國際教職員，與 2018 年度版次的結果比較，增長了 6.6%。同樣，從 2018 年度版次到 2019 年度版次，國際學生的比例也有所增加，前 500 所院校合計有近 120 萬名國際學生（Griffin, 2018）。本文撰寫時，我們正處於全球新冠病毒大流行之中，國際旅行的短期、中期前景，以及隨後的國際學生流動，看起來並明確，但大多數評論家認為，學生流動的長期上升趨勢將會持續。Anowar et al.（2015）建議，還應考慮其他國際化表現因素，如大學或學者之間的國際合作，QS 已將這方面納入某些地區排名，此項採用的指標名為「國際視野」，檢視可持續的國際研究夥伴關係。

總結

本章討論了一些針對 QS WUR 的具體批評，這些批評主要涉及兩方面。首先是過度依賴和使用聲譽調查，以及學術和僱主評論調查數據所佔比重過高（50%）；其次是核實提交數據的能力，這個問題在上一章也有論及，對 QS 和 THE HERS 來說更為密切相關，因為兩者都依賴來自全球的數據集的真確性，而數據集由參與競爭的院校所提供，大學為保持國際競爭力，得在排名中表現出色，因而面對的壓力也不斷增加，大學內負責的部門必然會受到壓力，要盡可能提交其院校的最佳數據。雖然很多大學都非常重視這個問題，並且確實有非常準確和可以核實的數據記錄，但難免有些大學並不是這樣，而操控數據的誘因也很大，唯一可能的解決方案是由 HERS 發起更嚴謹及耗時的審核程序。然而即使這樣，仍需得到提交數據的大學批准，才能進行審核，而且沒有

一個審核系統可獲認同為能滿足所有利益相關者。此外，任何審核過程對排名機構來說都可能非常昂貴。畢竟，這是一盤創造利潤的生意。

　　至於有關國際學生和教職員比例的批評，地區排名在某程度上解決了這個問題，例如採納國際視野指標和降低國際學生和教職員指標的比重。為回應對聲譽調查和師生比例的批評，QS 地區排名降低了這些指標的比重。雖然 QS WUR 排名系統受到批評，但仍然吸引全球媒體的關注及報道，在這個排名系統中表現良好，對大多數大學來說都有好處。QS WUR 也是唯一一個考慮到僱主對院校畢業生評價的排名系統，儘管這個指標有其缺點。QS WUR 的排名方法也存有一些重大問題，但每年在每個級別的排名都有變動。這或許就是 QS WUR 吸引媒體的原因，媒體喜歡報道他們所屬地區或地方的升降起跌，因為人們對此感興趣，即使有時在統計學上沒有多大意義，正正是這種廣泛的吸引力保證了高等教育排名系統的未來。

　　第六章會以本章相同的批判角度，檢視 THE WUR，雖然 THE WUR 也受媒體關注，但其所選擇的方法、透明度、提交數據的真實性、太過依賴聲譽指標等這幾方面都有類似問題。THE WUR 是三大排名系統中歷史最短的，也因為沒有任何與畢業生就業相關的指標而經常備受批評。

參考資料

Adam, J., & Baker, K. (2010, February 1). Thomson Reuters. Retrieved from: http://ip-science.thomsonreuters.com/m/pdfs/Global_Opinion_Survey.pdf

Anowar, F., Helal, M. A., Afroj, S., Sultana, S., Sarker, F., & Mamun, K. A. (2015). A critical review on world university rankings in terms of top four ranking systems. In K. Elleithy, & T. Sobh, *Lecture notes in electrical engineering 312: New trends in networking, computing, e-learning, systems sciences, and engineering* (pp. 559–566). New York: Springer International Publishing.

Baty, P. (2009, October 20). Rankings09: Talking points. Retrieved from: www.timeshighereducation.co.uk/news/rankings-09-talking-points/408562.article

Baty, P. (2014). The Times Higher Education World University Rankings, 2004–2014. *Ethics in Science and Environmental Politics*, 13(12), 1–6.

Bekhradnia, B. (2017). *International university rankings: For good or ill*. London: Higher Education Policy Institute.

Downing, K. (2012). Do rankings drive global aspirations? In M. Stiasny, & T. Gore, *Going global: The landscape for policymakers and practitioners in tertiary education* (pp. 31–39). London: Emerald Group Publishing Ltd.

Downing, K. (2013). What's the use of rankings? In P. T. Marope, P. J. Wells, & E. Hazelkorn, *Rankings and accountability in higher education: Uses and misuses* (pp. 197–208). Paris: United Nations Educational, Scientific and Cultural Organization.

Gao, Y. (2015). Toward a set of internationally applicable indicators for measuring university internationalisation performance. *Journal of Studies in International Education*, 19(2), 182–200.

Griffin, J. (2018, June 6). QS World University Rankings 2019 supplement. Retrieved from: www.topuniversities.com/student-info/qs-guides/qs-world-university-rankings-2019-supplement/thank-you?field_guide_category_tid=3600

Griffin, S., Sowter, B., Ince, M., & O'Leary, J. (2018, June 6). QS World University Rankings 2019 supplement. Retrieved from: www.topuniversities.com/student-info/qs-guides/qs-world-university-rankings-2019-supplement

Holmes, R., & Siwinski, W. (2016). How to survive changes in ranking methodology. Retrieved from: http://rankingwatch.blogspot.com/scarch?updated-max=2016-2004-10T19:00:00%2B08:00&max-results=13&reverse-paginate=true

Huang, M. (2011). A comparison of three major academic rankings for world universities: From a research evaluation perspective. *Journal of Library and Information Studies*, 9(1), 1–25.

Huang, M. A. (2012). Opening the black box of QS World University Rankings. *Research Evaluation*, 21, 71–28.

Ioannidis, J. P., Patsopoulos, N. A., Kavvoura, F. K., Tatsioni, A., Evangelou, E., Kouri, I., ... Liberopoulos, G. (2007). International ranking systems for universities and institutions: A critical appraisal. *BMC Medicine*, 5(1), 30.

Kaychen, S. (2013). What do global university rankings really measure? The search for the x factor and the x entity. *Scientometrics*, 97(2), 223–244.

Masterportal.eu (2014, June). Studyportals taking you further. Retrieved from: www. mastersportal.eu/rankings/1/world-university-ranking-times-higher-education.html

O'Leary, J. (2015). QS World University Rankings. In M. Ince, J. O'Leary, N. Quacquarelli, & B. Sowter, *QS Top universities guide 2015* (10th ed., pp. 17–19). London: QS Quacquarelli Symonds Limited.

QS Quacquarelli Symonds Ltd. (2017, June 7). QS World University Rankings 2018 - Table information. Retrieved from: www.topuniversities.com/university-rankings-articles/ world-university-rankings/qs-world-university-rankings-2018-tables-information

QS Quacquarelli Symonds Ltd. (2017). University rankings. Retrieved from: www. topuniversities.com/university-rankings

QS Quacquarelli Symonds Ltd. (2018, June 6). QS World University Rankings. Retrieved from: www.topuniversities.com/university-rankings

Rauhvargers, A. (2013). Global university rankings and their impact: Report 2. Brussels: European University Association.

Redden, E. (2013, May 29). Scrutiny of QS rankings. Retrieved from: www. insidehighered.com/news/2013/05/29/methodology-qs-rankings-comes-under-scrutiny

Soh, K. (2015). Multicolinearity and indicator redundancy problem in world university rankings: An example using Times Higher Education World University Ranking 2013-2014 data. *Higher Education Quarterly*, 69(2), 158–174.

Sowter, B. (2015). QS World University Rankings — methodology. In M. Ince, J. O'Leary, N. Quacquarelli, & B. Sowter , *Top universities guide 2015* (10th ed., pp. 30–35). London: QS Quacquarelli Symonds Limited.

Taylor, P., & Braddock, R. (2007). International university rankings systems and the idea of university excellence. *Journal of Higher Education*, 29(3), 245–260.

TES Global Ltd. (2018, September 25). World University Rankings 2019. Retrieved from: www.timeshighereducation.com/world-university-rankings/2019/world-ranking#!/ page/0/length/25/sort_by/rank/sort_order/asc/cols/stats

6

評估三大高等教育排名系統

普遍問題及 THE WUR 詳細分析

引言

　　最新的《泰晤士報高等教育世界大學排名 2021》（THE WUR）於 2020 年 9 月發佈，揭示全球排名前 1,500 所大學，這些大學來自 95 個國家。與過去相比，這個年度的版次涵蓋了更多大學，佔全球兩萬多所高等教育機構的 5% 以上。這個排名的方法是基於 13 個表現指標，分為五個學術支柱：教學、研究、論文引用、產業收入、國際視野（Masterportal.eu, 2014）。根據 THE WUR，他們的排名計算受專業服務公司普華永道（PwC）獨立審核（TES Global Ltd., 2018）。與 QS 一樣，THE WUR 也因依賴聲譽調查及較少同行回應而受到批評。最近的聲譽調查（每年進行一次）查考了院校在教學和研究方面的聲譽，這些回應在統計上代表了全球學術界的地域和學科組合。2020 年的數據與 2019 年的調查結果結合，共有超過 22,000 個回應。相比之下，QS 世界大學排名的學術調查聲稱基於 100,000 個回應。另一個經常針對 THE WUR 的主要批評是，排名缺乏與畢業生就業有關的指標，而 QS 卻透過僱主調查涵蓋這一點，該調查收到大約 50,000 個回應。

THE 世界大學排名（THE WUR）

　　《泰晤士報高等教育世界大學排名》（THE WUR）首次於 2004 年由泰晤士報與 QS 合作發佈。2009 年後，泰晤士報結束與 QS 的合作，開始與湯森路透（Thomson Reuteurs）合作（Rauhvargers, 2013）。在這之前，QS 主要負責數據收集和分析，而泰晤士報則是媒體合作夥伴。為了開展新的泰晤士報排名系統，湯森路透進行了一項全球意見調查，以了解高等教育專業人士和消費者的排名，即學生對現有排名的看法（Adam & Baker, 2010）。這些消費者建議，任何新排名應該提供更多有關排名過程和指標所有特徵的資訊。這份調查報告讓泰晤士報知道消費

者重視哪些指標（Baty, 2014）。THE 世界大學排名的新方法只考察具有全球競爭力、以研究為主導的精英院校群體：

> 高等教育是全球性的，**THE** 決心要反映這一點。排名繼續存在，但我們相信，大學應該有一套嚴謹、健全和透明的排名 —— 這是個重要工具，而不僅僅是為了滿足一年一度的好奇心。

> （Mroz, 2009, 5）

WUR 排名方法

　　與 QS 類似，泰晤士報高等教育（THE）的排名不包括有以下特徵的大學：不招收本科生、高度專業化（只教授一個狹窄學科）、在五年內發表出版的項目少於 1,000 本及在任何一年內少於 150 本。如果一所大學在其 11 個學科領域中，80% 或以上的活動都集中在一個領域內，那麼這所大學也不會包括在排名內。THE 曾與湯森路透合作獲取院校數據，但後來自己承擔這項工作，而現在就由 THE 的數據分析師團隊負責收集數據（Elsevier, 2014）。

　　Bookstein、Seidler、Fieder 和 Winckler（2020）分析了 THE 方法的幾個指標。他們發現，2007 年與 2009 年的教職員或學生比例相關系數大約是 0.84。然而，數據中明顯分成兩組。第一組代表院校分數相對穩定，而第二組院校的分數每年都有很大變化。這種每年的重大變化可能表明定義、解釋或數據提交發生了變化，而不是組織成員有變（Bookstein et al., 2020）。對 THE 和 QS 來說，一個主要問題可能是所有基於比率的指標都受到定義及解釋改變的影響，並有可能被少數不擇手段提交數據的院校所操縱濫用。

教學和研究兩大支柱中的學術聲譽調查

如表 6.1 所示，泰晤士高等教育使用學術調查作為 WUR 排名方法中的一個指標（TES Global Ltd., 2015）。為了提高透明度，THE 公開了聲譽調查的結果，這與他們的其他指標有些不一致。每年的聲譽調查結果以泰晤士高等教育世界聲譽排名的形式發佈（Baty, 2014），這項排名考察了院校在研究和教學兩方面的聲譽（TES Global Ltd., 2015），並是基於領域內專家學者的主觀判斷（Bugum, 2014）。Baty（2017）認為，為了獲得有意義的回應，調查會詢問與行動相關的問題，例如：「你會把最優秀的畢業生送到哪裏，讓他獲得最有啟發性的研究生學習環境？」（University World News 2007–2018, 2018, para. 18）。

Elsevier 代表 THE 執行了 20 分鐘的問卷調查，以 15 種不同語言向全球分發，邀請經驗豐富的學者參與調查，這些學者就所屬學科的卓越研究及教學發表意見（Baty, 2017; Rauhvargers, 2013; 2011）。THE 調查僅限邀請才能參與，這可能產生問題，而且與 QS 非常不同，QS 鼓勵學者和僱主報名成為受訪者。如果他們的背景合適，並符合抽樣標準，就會獲納入調查範圍。與所謂「硬」科學學者相比，從事藝術或人文社會科學的學者在期刊上發表論文的頻率較低，這是藝術和人文社會科學在數據中代表性不足的主要原因（Baty, 2014）。2017 年，最有代表性的學科是物理科學（佔 16% 回覆），其次是社會科學（佔 15% 回覆）。生命科學、臨床及健康、工程各佔 14% 回覆；商業和經濟佔 13%；藝術和人文佔 9%；計算機科學佔 5%（TES Global Ltd., 2018）。根據 THE 數據，其 19% 的回覆來自北美，33% 來自亞太地區，27% 來自西歐，11% 來自東歐，6% 來自拉丁美洲，3% 來自中東，2% 來自非洲（TES Global Ltd., 2018）。

除了 QS 聲譽調查，THE 學術聲譽調查方法也受到批評，Altbach & Hazelkorn（TES Global Ltd., 2018）質疑，從沒踏進教室的人對教學能

表6.1 THE WUR 排名方法（2018）

標準及比重	衡量方法	納入的理由
教學： 學習環境 （30%）	學術聲譽調查（15%）	每年一次的學術聲譽調查通常在 11 月至 2 月期間進行，調查各院校在研究及教學方面的聲譽。THE WUR 聲稱調查的回覆在統計上代表了全球學術界的地理和學科分佈。每年收到約 20,000 個回覆。
	師生比例（4.5%）	這假設師生比例合理，學生就能從院校教職員那裏獲得所需的個人關顧。
	博士學位與學士學位比例（2.25%）	THE 認為，研究生比例高的院校屬知識密集型院校，活躍的研究生社群標誌着院校教學環境以研究為主導，不論本科生或研究生都重視這種教學環境。
	頒授博士學位數目，比對學術人員數目（6%）	除了反映一所院校對培養下一代學者的承擔外，研究生比例高還意味着提供最高水平的教學，從而能吸引大學畢業生並能有效地培養他們。
	院校收入，比對學術人員數目（2.25%）	這個數字經過購買力平價調整，以便所有國家能在公平的環境中競爭，表明一所院校的總體狀況，並使人們對學生和教職員可用的基礎設施和設備有大致概念。
研究： 數量、收入及聲譽 （30%）	全球最大規模的學術聲譽調查，僅限邀請才能參與（18%）	這指標也是由年度學術聲譽調查提供的，並根據我們年度學術聲譽調查的回覆，考察一所大學在同行中所享有的卓越研究聲譽。
	大學研究收入，比對員工數目並以購買力平價進行歸一化（6%）	收入對發展世界一流的研究至關重要，而且由於大部分研究都要經過競爭並由同行評審，我們的專家認為這是一個有效的衡量標準。
	研究生產力—研究成果比對員工數目（6%）	THE 數算每個學者在學術期刊上發表的論文數量，並根據大學的總規模調整，同時按學科進行歸一化。這讓我們了解到一所院校在高質素同行評審期刊上發表論文的能力。
論文引用： 研究影響 （30%）	收集了 2013 年至 2018 年六年間的論文引用情況，收錄於 Scopus 索引數據庫內（30%）	論文引用旨在展示每所大學對人類知識的項貢獻有多大：誰的研究脫穎而出，獲其他學者採納借鑒，最重要的是，獲全球學術界共享，這些數據完全歸一化，以反映不同學科領域之間引用數量的差異。

標準及比重	衡量方法	納入的理由
國際視野： 教職員、學 生及研究	國際學生與本地學生 比例（2.5%）	一所大學吸引來自全球各地本科生和研究生的能 力，獲視之為在世界舞台上取得成功的關鍵。
	國際教職與本地教職 員比例（2.5%）	頂尖大學也在爭奪來自世界各地的最佳教職員。
	大學在期刊發表的論 文至少有一名國際學 者的比例（2.5%）	考慮到大學的學科組合，這個指標經過歸一化處 理，並使用與「論文引用：研究影響」這一指標 相同的五年計算年期。
業界收入： 創新（2.5%）	院校從業界賺取的研 究收入，對比學術人 員數目（2.5%）	大學以創新、發明和諮詢幫助業界的能力，已成 為當代全球學術界的核心使命。

來源：TES Global Ltd., 2018.

力的看法究竟有多可靠。2008 年，Harvey（2008）檢視了 THE WUR，
並認定該排名系統根本不可信，且沒有用處。Harvey（2008, 191）批
評排名系統處理「缺失值」（missing values）的方式，認為 THE 調查中
大量的缺失資訊可能會扭曲調查結果。一些院校（每年）的排名變動沒
有任何合理解釋，令人質疑 THE 的排名方法對提交數據之詮釋是否可
靠（Harvey, 2008）。

　　Anowar et al.（2015）不滿挑選領域專家的過程並不透明，加上排
名方法每一部分都不透明，使其評估優劣的結果受到質疑。如前所述，
Bookstein et al.（2010）逐年分析 THE 學術聲譽調查分數時，發現分數
統計不一致。例如，從 2007 到 2008 年，生命科學同行評審排名的方
差為 0.048，但從 2008 到 2009 年，方差為 0.104。然而，這些作者指
出，這種差異可能部分出於 THE 的程序改變（Bookstein et al., 2010）。

THE 學術聲譽調查最近的修訂

THE 過去將其年度學術聲譽調查外判給湯森路透，但在 2014 年底 THE 宣佈已與新合作夥伴 Elsevier 達成協議，由 Elsevier 協助進行問卷調查。Elsevier 出版的 Scopus 文獻計量數據庫，QS 也使用該數據庫。

構成研究影響力支柱一部分的論文引用指標

在 THE WUR 中，具有最大比重的單項指標是論文引用分析（30%）（TES Global Ltd., 2015）。前面的章節已經討論使用論文引用數據庫作為排名系統指標的技術問題。儘管有這些批評，但 Baty（2013）認為，論文引用分析顯示了哪些研究產生了最大影響，哪些研究獲其他學術界賴為基礎，擴展集體認知。學者不斷強調論文引用指數偏向院校規模、英語出版物、地區和專業學科（Huang, 2012; Ioannidis et al., 2007; Altbach, 2006）。Baty（2013）反駁說，將數據歸一化有助反映各地區論文引用量的差異。

THE 論文引用指標方法最近的修訂

除了在學術聲譽調查和獲取院校數據方面不再與湯森路透合作外，THE 現在還從 Elsevier 的「Scopus」數據庫中獲取研究出版數據。這一變化標誌着 THE 完全脫離了湯森路透（Elsevier, 2014）。Elsevier 是全球領先的科技資訊供應商，而 Scopus 是全球最大的同行評審學術文獻摘要和論文引用數據庫（Elsevier, 2014）：

新數據庫將使 THE 能夠分析來自更多院校更廣泛的研究活動，包括那些來自新興經濟的院校，這些院校在世界研究成果中所佔的比

重越來越大，並且非常追捧 THE 那廣為信賴的全球表現指標。這變化將使 THE 能夠利用 SciVal Elsevier 的研究指標分析工具來應付研究表現方面的持續創新。

（TES Global Ltd., 2015）

Ben Sowter（Jobbins, 2014）同意，Elsevier 的 Scopus 數據庫的規模比湯森路透編制的要大得多，尤其是在試圖評估非精英大學時。這些活動重組都是重大工作，很可能使初始一系列結果的波幅增加，這意味着 QS 和 THE 的相關指標現在都在使用 Scopus 數據庫的數據。

THE 的國際學生、教職員支柱

大學吸引學生和教職員的能力是取得全球成功的關鍵（TES Global Ltd., 2015）。然而，Anowar et al.（2015）認為，較高的國際教職員和學生比例不能總為正面的特質，因為國際學生的取錄不只是與大學質素有關。在評估國際化時，政治穩定、學生所在國家之間的政府關係也都應該在考慮之列（Anowar et al., 2015）。最近，如表 6.1 所示，THE 採用了一種研究合作指標，即評估一所大學在期刊發表的論文至少有一個國際合著者的比例（TES Global Ltd., 2015）。這個做法也有在 QS 的一些地區排名中出現，稱之為國際視野。

三大排名（ARWU、QS WUR、THE WUR）方法比較

圖 6.1 展示了三大國際排名方法之間的差異。這三個系統都使用比重求和方法（Soh, 2015）。Soh（2015）解釋，比重求和方法是指選擇

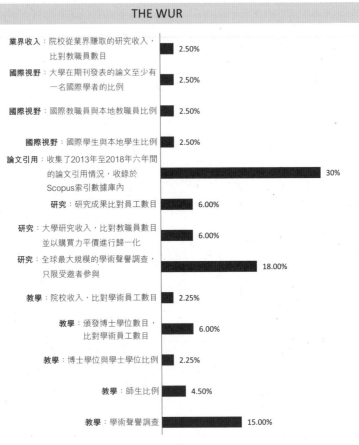

THE WUR

業界收入：院校從業界賺取的研究收入，比對教職員數目　2.50%

國際視野：大學在期刊發表的論文至少有一名國際學者的比例　2.50%

國際視野：國際教職員與本地教職員比例　2.50%

國際視野：國際學生與本地學生比例　2.50%

論文引用：收集了2013年至2018年六年間的論文引用情況，收錄於Scopus索引數據庫內　30%

研究：研究成果比對員工數目　6.00%

研究：大學研究收入，比對教職員數目並以購買力平價進行歸一化　6.00%

研究：全球最大規模的學術聲譽調查，只限受邀者參與　18.00%

教學：院校收入，比對學術員工數目　2.25%

教學：頒發博士學位數目，比對學術員工數目　6.00%

教學：博士學位與學士學位比例　2.25%

教學：師生比例　4.50%

教學：學術聲譽調查　15.00%

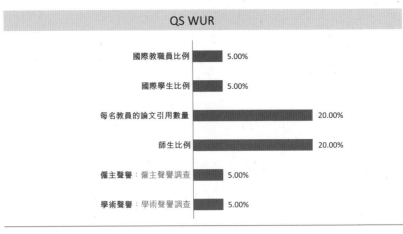

QS WUR

國際教職員比例　5.00%

國際學生比例　5.00%

每名教員的論文引用數量　20.00%

師生比例　20.00%

僱主聲譽：僱主聲譽調查　5.00%

學術聲譽：學術聲譽調查　5.00%

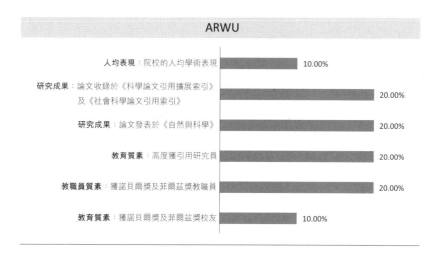

ARWU

人均表現：院校的人均學術表現	10.00%
研究成果：論文收錄於《科學論文引用擴展索引》及《社會科學論文引用索引》	20.00%
研究成果：論文發表於《自然與科學》	20.00%
教育質素：高度獲引用研究員	20.00%
教職員質素：獲諾貝爾獎及菲爾茲獎教職員	20.00%
教育質素：獲諾貝爾獎及菲爾茲獎校友	10.00%

一套符合系統概念的指標，作為學術卓越的具體操作模式，並為這些指標收集數據。然後為指標的得分加上比重、求和、稱重（Soh, 2015）。QS 學術聲譽調查（40%）與僱主聲譽調查（10%）佔 QS WUR 總分的 50%（QS Quacquarelli Symonds Ltd, 2016）。THE 採用教學和研究聲譽調查，共佔 THE WUR 總分的三分之一（33%）（TES Global Ltd., 2018）。QS WUR 和 THE WUR 的學術聲譽調查之間的區別在於，THE 調查僅限於獲揀選受邀參與調查的研究員，他們已有論文發表，而 QS 則容許大學提名潛在的受訪者（Holmes, 2017）。上海排名的 ARWU 根本不使用聲譽調查，而是依靠與論文引用及出版物有關的指標，還有獲得諾貝爾獎和菲爾茲獎的校友和教職員數量（Redden, 2013）。在預先選定的比重中，排名偏向比重「最合適」的大學（De Witte & Hudrlikova, 2013, p. 342）。

這三個排名系統都利用論文引用數據庫來評估研究和／或研究影響（O'Malley, 2016）。QS 和 THE 現在都使用 Elsevier 的 Scopus 數據庫來收集論文引用數據（Jobbins, 2014）。ARWU 使用「自然和科學」、「科

學論文引用擴展索引」和「社會科學引文索引」來評估研究成果的各方面（Huang, 2011）。ARWU 還依靠湯森路透的數據，以「高度獲引用研究員」名單來評估教學（Billaut et al., 2010）。QS（20%）和 THE（4.5%）比較不太依賴師生比例作為教學質素的代用指標。QS（10%）和 THE（10%）分配較高分數予國際化舉措；THE 將國際合作出版發表的數量納入其「國際視野支柱」（QS Quacquarelli Symonds Limited, 2018; Times Higher Education, 2017）。這三個排名之間的重要區別是，ARWU 採用的院校數據（學術人員數目）並非由大學提供，而是從國家機構，如國家部門、國家政策局和大學協會獲得（ShanghaiRanking Consultancy, 2003）。鑒於各國對提交政府數據的準則和定義各不相同，這可能會產生問題，但這做法確實避免了大學所提交數據可能被「操控」的問題。值得注意的是，THE 在其排名程序中採用了更多指標，例如，頒發博士學位數目比對學術人員數目、博士學位與學士學位比例、院校收入／業界收入比對學術人員數目。從壞處看，這可能會導致細小比重的百分比在統計上不能持續（Times Higher Education, 2017）。

三個獨特的方法自然產生不同結果（QS Quacquarelli Symonds Ltd, 2017）。然而，在比較最近幾年三個排名中全球前十名大學時，有七所大學經常出現：美國的麻省理工學院、史丹福大學、哈佛大學、加州理工學院和芝加哥大學、英國的劍橋大學和牛津大學。其中，史丹福大學的總平均排名通常最高（QS Quacquarelli Symonds Ltd, 2017）。

三大 HERS 及其排名的當代研究

排名只包括一小部分指標，不能確定這指標對大學整體教育活動的意義（Saisana, D'Hombrea & Satelli, 2011）。如前幾章所論，大部分分析家都認為，教育質素的代理指標，如諾貝爾獎和菲爾茲獎數目（De Witte & Hudrlikova, 2013; Billaut, Bouyssou & Vincke, 2010; Ioannidis et al., 2007）、師生比例（Bekhradnia, 2017; Huang, 2012）以及國際教職員或學生比例（Anowar, et al., 2015）並不可靠和有效。此外，研究還發現，這些指標在不同排名中並不一致（Saisana et al., 2011）。

許多研究質疑排名的統計特性（Harvey, 2008; Bookstein et al., 2010），因其不管排名的實質內容；另一些研究顯示，排名有系統地改變表徵，對大型或歷史悠久的大學有利（Daraio et al., 2014; Soh 2015）。Anowar et al.（2015）批判地分析了多個排名系統中一些指標的概念效度（construct validity）。QS 和 THE 的意見調查都顯示出較強的概念效度，而論文引用分析的概念效度則是中等水平。ARWU 在《自然與科學》中論文引用分析的概念效度是中等水平。然而，ARWU 在獲得諾貝爾獎或菲爾茲獎的教職員指標方面，其概念效度較高（Anowar et al., 2015）。有趣的是，當仔細檢查每年年度變化時，THE 排名的整體得分及調查獲取的聲譽指標顯示出嚴重的統計問題（Bookstein et al., 2010）。

Soh（2015）分析了 THE 的標準，發現指標之間存在高度多重共線性（multicollinearity）。多重共線性的問題是，有很多指標重疊，以至有些指標是多餘的，使總體分數不穩定（Soh, 2015）。Soh（2015）發現，教學和研究指標的多重共線性最大，這意味着其中一個衡量學術卓越的指標是多餘的。令人驚訝的是，引文和研究指標之間的相關性較弱（Soh, 2015），這可能表示，高研究生產力並不一定會轉化為在學術期刊上發表文章，迄今仍未出現以這種方式分析 QS 和 ARWU 的標準。

此外，Soh（2015, 13）認為，由於 THE 和 QS 既包括學術指標，也包括可能視為行政方面的指標，因此可將總分視為不太「純粹」的學術卓越指標。雖然這兩個排名系統都將學生和教職員納入其指標，但 Soh 認為，鑒於一所大學的學術成就在很大程度上取決於學生和教師質素，這些排名系統應該更看重這兩個因素。Kaychen（2013）分

析了 THE 和 ARWU ，發現排名位置主要由一些基本因素決定，例如校齡、範圍、硬科學活動（譯者注：自然科學與應用科學的研究及發展活動）、美國的大學、英語國家、年收入、研究取向和聲譽。大學可能渴望成為世界一流大學，但他們能控制的因素有限，如研究與聲譽，而有些院校則可以依賴與歷史有關的指標。Bowman 和 Bastedo（2011）檢查 THE 數據來測試錨定效應（anchoring effect），說明了排名本身可能會大大影響對院校聲譽的評估。

Kaychen（2013）利用主成分分析（Principal Component Analysis）研究 ARWU 和 THE 排名所採用的變數中，有否基本組成要素。這項研究的結果表明，綜合 ARWU 和 THE 排名的排名變化，其中 73.36% 可用六個因素解釋。這些因素包括：硬科學活動、年收入排名、大學是否來自美國或英語國家（美國除外）、大學的研究取向及其聲譽。

一些研究人員，如 Sorz、Fieder、Wallner 和 Seidler（2015），還有 Dobrota、Bulajic、Bornmann 及 Jeremic（2015）討論到年度數據波動的問題。他們認為，目前 THE 排名對排名 50 以外的大學來說，在管理方面，價值非常有限。因為得出的排名和分數波動可能並不反映現實表現，這意味着這些結果無法用來評估長期策略的影響（Sorz et al., 2015）。Dobrota et al.（2015）試圖利用基於統計學多變量和基於方法學基礎的新比重系統，解決 QS 排名每年不穩定和比重過於主觀的問題。他們的方法使排名結果更加穩定，減低了排名結果的不確定或靈敏度，但他們的做法仍有待在方法學上作進一步重大優化調整。Sortz et al.（2015）比較了 ARWU 和 THE 每年的排名變動，發現 ARWU 似乎更穩定。此外，THE 和 ARWU 排名之間的相關性非常低，尤其是排名 50 以外的院校（Sorz et al., 2015），這使人質疑排名榜中處於較低層排名的資訊價值。

在其他方法學的主張中，Daraio et al.（2014）提出了一種方法，該方法使用有關歐洲大學微觀數據的原始和全面數據庫，結合有關科學生產的文獻計量數據，並應用最近開發的效率分析技術。De Witte 和 Hudrlikova（2013）建議使用一種內生比重系統，其中賦予大學相對擅長的產出成果較高比重，而相對表現較差的產出成果給予較低比重。他們認為，比重取決於數據，並有可能令不同（性質不同）院校的排名更公平。他們研究的局限包括缺乏透明度，並且一個變數的微小變化可能會導致排名結果有巨大變化。Goglio（2016）呼籲排名要多元化，強調不同利益相關者代表不同需求和次考慮，並建議 HERS 擯棄一刀切的做法。

總結

本章討論了針對 THE WUR 的一些具體批評，這些批評大多與 HERS 三個主要方面有關。首先涉及的爭議關於過度依賴和使用聲譽調查；與 QS WUR 比較樣本量相對較少，THE WUR 的調查只限獲邀人士參與。同樣，調查數據佔較高比重（33%）仍是受到批評的主因。第二類對 QS 和 THE 排名的批評是核實提交數據的能力，這個問題在前幾章中已討論過。第三，學者質疑國際指標在多大程度上能夠準確評估大學對學生及教職員的吸引力，而不考慮大學所在地、薪資水平、所提供的課程為其吸引力所在之處。雖然 THE 聲稱他們的數據收集由一家知名公司作外部審核，但這並沒有解決在上一章提到的，關於院校提交數據是否真確的問題。

雖然備受批評，THE WUR 仍然吸引了全球各地媒體報道，許多大學都感到壓力，希望在這個 HERS 中取得好成績。對 THE WUR 的一個

主要批評是缺乏任何有關畢業生就業的指標，鑒於大多數學生在完成第一個學位後都會尋找工作，這是一個重要的漏洞。儘管在方法上存在着這些問題，這個排名在各個層面每年都有變動，這有助保持其對媒體的吸引力。也許正因這一點，這比任何其他單一因素更有助維持排名的普遍吸引力。

第四、五、六章概括了「三大」世界大學排名（THE WUR、QS WUR 和 ARWU）所使用的理論及操作方法，探討了每個排名的背景、方法、採用指標的動機以及最新的方法修訂。這三章強調了 HERS 自出現以來所受到的嚴格審查，還有其對媒體及公眾的持久吸引力。

不僅排名這個想法本身受到批評（Altbach, 2006），而且每個 HERS 選擇的排名標準和指標顯然仍將在概念上（Bougnol & Dula, 2015; De Witte & Hudrlikova, 2013）和技術層面上（Van Raan, 2005; Cram & Docampo, 2014）成為爭議的主題。一些 HERS 的行政人員直接與高等教育界接觸，試圖改善大學排名的方式（Rauhvargers, 2014），同時為排名過程的標準及所選指標有效與否、產生指標分數所遵循的過程辯解。此外，HERS 承認所有排名活動的不足之處，大部分這些排名系統的代表都建議，不該視排名為目的本身，而應將排名視為衡量表現的不完美工具（Baty, 2017; Sowter, 2017）。

大學排名系統很吊詭。社會科學家和高等教育專家越批評排名方法，在政策制定和媒體上就越受關注（Daraio et al., 2014）。大多數批評者呼籲改變方法（Huang, 2011; Kaychen, 2013），然而，方法改變會導致每年排名波動不一致，這也會受到審查和評論（Soh, 2015; Sorz et al., 2015）。因此，三大排名機構不願意大規模改革，這將影響到他們系統的穩定性和連貫性，並有可能惹得他們的客戶──大學不高興。似乎 HERS 在改善排名方法方面正處於進退兩難的景況。

正如一些論者指出，HERS 只能衡量大學有形、可量化的方面（Harvey, 2008; Altback, 2006），導致過度依賴指標，而無法準確反映教學質素（Altbach & Hazelkorn, 2017）。下一章將進一步探討每年公佈排名的後果及 HERS 為此所採用的指標。第七章展示了全球高等教育體系的性質和分佈，並探討各國及大學了為在國際知識經濟中競爭而採取的措施。

參考資料

Adam, J., & Baker, K. (2010, February 1). Thomson Reuters. Retrieved from: http://ip-science.thomsonreuters.com/m/pdfs/Global_Opinion_Survey.pdf

Altbach, P. G. (2006). The dilemmas of ranking. *Center for International Higher Education*, 42, 2–3.

Anowar, F., Helal, M. A., Afroj, S., Sultana, S., Sarker, F., & Mamun, K. A. (2015). A critical review on world university rankings in terms of top four ranking systems. In K. Elleithy, & T. Sobh, *Lecture notes in electrical engineering 312: New trends in networking, computing, e-learning, systems sciences, and engineering* (pp. 559–566). New York: Springer International Publishing.

Baty, P. (2013). *An evolving methodology: The Times Higher Education World University Rankings*. In P. M. Marope, P. J. Wells & E. Hazelkorn, *Rankings and accountability in higher education* (pp. 41–54). Paris: United Nations Educational, Scientific and Cultural Organisation.

Baty, P. (2014). The Times Higher Education World University Rankings, 2004–2012. *Ethics in Science and Environmental Politics*, 13(12), 1–6.

Baty, P. (2017, September 5). *World university rankings 2018: Now starring a cast of thousands*. Retrieved from: www.timeshighereducation.com/world-university-rankings-2018-now-starring-cast-thousands

Begum, H. (2014, March 10). *Times Higher Education World Reputation Rankings 2014*. Retrieved from: www.britishcouncil.org/voices-magazine /times-higher-education-world-reputation-rankings-2014

Bekhradnia, B. (2017). *International university rankings: For good or ill*. London: Higher Education Policy Institute.

Billaut, J. C., Bouyssou, D., & Vincke, P. (2010). Should you believe in the Shanghai ranking? An MCDM view. *Scientometrics*, 84, 237–263.

Bookstein, F. L., Seidler, H., Fieder, M., & Winckler, G. (2010). Too much noise in the Times Higher Education rankings. *Scientometrics*, 85(1), 295–299.

Bougnol, M., & Dula, J. H. (2018). Technical pitfalls in university rankings. *Higher Education*, 69, 859–866.

Bowman, N. A., & Basteda, M. N. (2011). Anchoring effects in world university rankings: Exploring biases in reputation scores. *Higher Education*, 61(4), 431–444.

Cram, L., & Docampo, D. (2014, May 8). Highly cited researchers and the Shanghai ranking. Retrieved from: www.researchgate.net/profile/Domingo_Docampo/publication/262182710_Highly_Cited_Researchers_and_the_Shanghai_ranking/links/0deec536e08796493f000000.pdf

Daraio, C., Bonaccorsi, A., & Simar, L. (2014, June 17). Rankings and university perfomance: A conditional multidimensional approach. Retrieved from: http://risis.eu/wp-content/uploads/2014/08/daraio_bonaccorsi_simar_cond_rankings_TR-n-9-2014 pdf

De Witte, K., & Hudrlikova, L. (2013). What about excellence in teaching? A benevolent ranking of universities. *Scientometrics*, 96(1), 337–364.

Dobrota, M., Bulajic, M., Bornmann, L., & Jeremic, V. (2015). A new approach to the QS university rankings using the composite I-Distance Indicator: Uncertainty and sensitivity analyses. *Journal of the Association for Information Science and Technology*, 39(5), 1–12.

Elsevier (2014, November 19). Times Higher Education to partner with Elsevier on Times Higher Education World University Rankings. Retrieved from: www.elsevier.com/about/press-releases/science-and-technology/times-higher education-to-partner-with-elsevier-on-the-world-university-rankings

Goglio, V. (2016). One size fits all? A different perspective on university rankings. *Journal of Higher Education Policy and Management*, 38(2), 212–226.

Harvey, L. (2008). Rankings of higher education: A critical review. *Quality in Higher Education,* 14(3), 187–207.

Hazelkorn, E., & Altbach, P. G. (2017, January 8), Why most universities should quit the rankings game. Retrieved from: www.universityworldnews.com/article.php?story=20170105122700949

Holmes, R. (2017, January 26). University ranking watch. Retrieved from: http://rankingwatch.blogspot.co.za/2017/01/comments-on-hepi-report.html

Huang, M. (2011). A comparison of three major academic rankings for world universities: From a research evaluation perspective. *Journal of Library and Information Studies*, 9(1), 1–25.

Huang, M. A. (2012). Opening the black box of QS world university rankings. *Research Evaluation,* 21, 71–28.

Ioannidis, J. P., Patsopoulos, N. A., Kavvoura, F. K, Tarsioni, A., Evangelou, E., Kaus, I, ... Liberoponios, G. (2007). International ranking systems for universties and institutions: A critical appraisal. *BMC Medicine*, 5(1), 30.

Jobbins, D. (2014, November 20). New THE split throws rankings world into turmoil. Retrieved from: www.universityworldnews.com/article.php?story=20141120074833487

Kaychen, S. (2013), What do global university rankings really measure? The search for the x factor and the x entity. *Scientomectrics*, 97(2), 223–244.

Masterportal.eu. (2014, June). Studyportals taking you further. Retrieved from: www.mastersportal.eu/rankings/1/world-university-ranking.times-higher-education_html

Mroz, A. (2009). Only the best for the best. *Times Higher Education* (5 November). Retrieved from: www.timeshighereducation.com/comment/leader/leader-only-the-best-for-the-best/408968.article?sectioncode= 26&storycode 408968&c=1

O'Malley, B. (2016, December 15). 'Global university rankings data are flawed' – HEPL. Retrieved from: www.universityworldnews.com/article.php?story=20161215001420225

QS Quacquarelli Symonds Ltd. (2016, June 8). QS World University Rankings: Methodology. Retrieved from: www.topuniversities.com/qs-world-university-rankings/methodology

QS Quacquarelli Symonds Ltd. (2017, June 7). QS World University Rankings 2018 - Table Information. Retrieved from: www.topuniversities.com/university-rankings-articles/world-university-rankings/qs-world-university-rankings-2018-tables-information

Rauhvargers, A. (2013). *Global university rankings and their impact: Report 2*. Brussels: European University Association.

Rauhvargers, A. (2014). Where are the global rankings leading us? An analysis of recent methodological changes and new developments. *European Journal of Education*, 49(1), 29–44.

Redden, E. (2013, May 29). Scrutiny of QS rankings. Retrieved from: www.insidehighered.com/news/2013/05/29/methodology-qs-rankings-comes-under-scrutiny

Saisana, M., D'Hombrea, B., & Satelli, A. (2011). Rickety numbers: Volatility of university rankings and policy implications. *Resarch Policy*, 40, 165–177.

ShanghaiRanking Consultancy. (2003). About us. Retrieved from: www.shanghairanking.com/aboutus.html

Soh, K. (2015). Multicolinearity and indicator redundancy problem in world university rankings: An example using Times Higher Education World University Ranking 2013–2014 data. *Higher Education Quarterly*, 69(2), 158–174.

Sorz, J., Fieder, M., Wallner, B., & Seidler, H. (2015, March 31). High statistical noise limits conclusiveness of ranking results as a benchmarking tool for university management. Retrieved from: www.academia.edu/11815558/High_statistical_noise_limits_conclusiveness_of_ranking_results_as_a_benchmarking_tool_for_university_management

Sowter, B. (2017, January 8). Rankings - A useful barometer of universities' standing. Retrieved from: www.universityworldnews.com/article.php?story=20161222112407402

TES Global Ltd. (2015). World University Rankings 2015–2016. Retrieved from: www.timeshighereducation.co.uk/world-university-rankings/

TES Global Ltd. (2017, September 7). Times Higher Education World University Rankings 2018. Retrieved from: www.timeshighereducation.com/world-university-rankings/2018/world-ranking#! /page/0/length/100/sort_by/rank/sort_order/asc/cols/stats

TES Global Ltd. (2018, September 25). World University Rankings 2019. Retrieved from: www.timeshighereducation.com/world-university-rankings/2019/world-ranking#!/page/0/length/25/sort_by/rank/sort_order/asc/cols/stats

University World News 2007–2018. (2018, November 28). Global: Crucial to measure teaching in rankings. Retrieved from: www.universityworldnews.com/article.php?story=20101126204406989

Van Raan, A. F. (2005). Fatal attraction: Conceptual and methodological problems in the ranking of universities by bibliometric methods. *Scientometrics*, 62(1), 133–143.

7

全球高等教育舞台

引言

在前面的章節中，我們檢視了一些高等教育在當代全球的重要現象，其中包括高等教育排名系統（HERS），我們還證明了 QS、THE 和 ARWU 在全球受到的多種分析和批評。學者和學術領袖報告了 HERS 對大學的無數影響（Shastry, 2017），其中一些影響是普遍的，但有很多對每所院校來說是獨特的，這取決於其自身經濟、政治、地理環境和歷史（Marginson, 2013）。第七章和第八章將繼續分析和討論在排名過程中，世界不同地區準備提交數據的院校和相關人員面對哪些具體挑戰。

不同類型院校

Spring（2008）提到教育全球化的四種主要詮釋，分別是「世界文化」（World Culture）、「世界體系」（World Systems）、「後殖民主義」（Post-colonialist）和「文化主義」（Culturalist）（Spring, 2008）。「世界文化」的一個前提是，所有文化都在慢慢融入單一的全球文化中（Baker & Le Trendre, 2005; Ramirez & Boli, 1987）。「世界文化」理論家認為，西方的教育模式是一種全球文化理想，導致發展共同的教育結構和共同的課程模式（Ramirez & Boli, 1978）。而「文化主義者」則反對「世界文化」理論家的觀點，即國家精英從世界教育文化中選擇最佳學校教育模式，他們還質疑學校教育模式只是強加在當地文化上這觀點。這些理論家認為，本地施行者從全球教育理念中借鑒了多種模式（Spring, 2008）。

Yat Wai Lo（2014）認為，利用以上四個理論中的兩個，即「世界體系」理論和「後殖民」分析，可以有效地描繪出高等教育的全球格局。「世界體系」理論認為全球是一個整體，但有三個主要不平等地區，核心區是美國、歐盟和日本，這些國家主導着周邊國家（Spring,

2008）。「後殖民主義」理論家認為，西方學校教育支配着全球，這是歐洲帝國主義強制的結果（Spring, 2008）。這批理論家關注討論與奴隸制和殖民主義有關的一系列經驗，如壓迫、抵抗、再現、差異、種族、性別、社會階級等（Bailey, 2011; Crossley & Tikly, 2004）。

「後殖民」論述包括諸如殖民者的語言、宗教、文化史、知識和其他身份元素較當地人民優越的問題（Bailey, 2011; Crossley & Tikly, 2004）；殖民統治給前殖民地留下的創傷似乎在加深，而不是在癒合（Bailey, 2011）；「後殖民主義」的表現形式包括跨國公司和貿易協議（Spring, 2008）。

「世界體系」理論和「後殖民」分析可以解釋高等教育院校和高等教育體系如何按其獲得的學術資源分成不同組別，以及融合與分歧是如何同時產生的，以應對中心霸權凌駕邊緣地區所導致的全球影響（Arnove, 1980）。

Altbach（2004）指出，幾乎所有大學在結構、組織和概念上都具有歐洲特色，西方模式在國際高等教育中佔主導地位。高等教育院校並未與本土文化緊密相連，即使像中國、埃塞俄比亞和泰國這樣從未被殖民的國家，也主要遵循西方學術模式（Altbach, 2004）。對於曾受殖民主統治的發展中國家，高等教育的發展通常步履蹣跚，在非洲大部分地區和其他發展中國家，大學直到 20 世紀才建立起來（Altbach, 2004）：

殖民主義、不平等貿易和技術發展使人類彼此更加接近。然而，在殖民者和被殖民者之間、非洲與美國之間、中國與歐洲之間，並不存在通向世界一流的普遍道路。

（Wang et al., 2013, 85）

世界一流大學

　　世界各國政府越來越投入高等教育競賽和研究體系的發展中（TES Global Ltd., 1990）。知識的定位及其傳播成為經濟、社會和政治權力的基礎，無疑推動了經濟從資源型轉向知識型（Wint & Downing, 2017）。世界各地都相繼創建能有效參與全球知識網絡的大學（Salmi & Altbach, 2011），這稱之為全球知識經濟（*The Economist*, 2016）。世界一流大學的特點是位列高等教育的頂端，創造和傳播知識，同時為社會提供所需的高技能人才（Wang, Cheng & Liu, 2013）。Wang 等人（2013）引用了 Altbach（2009）和 Liu（2009）的觀點：

> 世界一流大學是致力於創造並傳播各種學科和領域知識的學術機構，提供各級別的精英教育，滿足國家需求，促進國際公共利益。

（頁 2）

　　大學採取各種途徑將自己建設成世界一流的院校（Marginson, 2013）。Salm 和 Altbach（2011）研究案例後認為，世界一流大學的三大主要配套是：人才高度集中、資源豐富和優良自主的管治。然而，我們還需考量大學發展的生態系統，這包括許多其他因素，如大學與國家的關係、大學管治架構、質素保證框架、財政資源和獎勵措施、銜接機制、獲取資訊、地理位置、數碼及電訊基礎設施等（Marginson, 2013; Wang et al., 2013）。毫無疑問，「世界一流」的概念對政府、僱主、投資者、校友、學生、家長和院校本身來說越來越重要（Downing, 2013）。如果沒有某種形式的「衡量」，很難將真正的世界一流大學與其他院校區分開來（Downing, 2013）。大學的精英地位繼續受到國際認可的推動（Salmi, 2009）。Marginson（2013）認為，今天「世界一流」的意義就是等同在各種 HERS 中佔一席位。

排名的影響和建立世界一流大學

排名對定義什麼是世界一流大學的影響不容小覷。Schmidt（2006）認為，排名是具有國家特色的跨國政策論述，強調政策轉移的背景脈絡。大學的許多方面無疑因為參與排名而有所改變，很多早前討論過的評論（Kehm, 2014; Hazelkorn, 2013; Espeland & Sauder, 2007）都源於這樣的一種觀點：參與 HERS 的大學正在改變其性質和功能，以應對人們對其排名的看法。HERS 顯然在一些高等教育院校中引發了一場「聲譽競賽」，激發了各種利益相關者，特別是政治家、政策制定者和大學領導，對其國家的高等教育作出一系列選擇和重大投資決定（Wint & Downing, 2017）。

有兩種反應機制用來描述排名對大學的影響：「同量相稱」（Commensuration）和「自我實現的預言」（Self-fulfilling Prophecies）（Espeland & Sauder, 2007）。「同量相稱」是指「將質素轉化為具有量度標準的數量，影響我們關注什麼，哪些事物與其他事物相連，以及我們如何表達相同與差異」（Espeland & Sauder, 2007, p.16）。同量相稱促使資源重新分配、工作能重新定義以及操控玩弄（Espeland & Sauder, 2007, p.33）。「自我實現的預言」包括「對社會指標的反應確定了措施中的預期或預測，或者藉着鼓勵符合預期的行為來增加措施的有效性」（Espeland & Sauder, 2007, p.11）。例如，當院校或政府政策中明確提到特定的排名等級時，就會使用自我實現預言（Locke, 2014）。設定目標有助制定重要基準，即使在受保護環境中的國家也能推動表現（Wint & Downing, 2017）。在大學及一些高等教育管治機構中都找到這兩個機制（Yat Wai Lo, 2014; Locke, 2014; Hazelkorn, 2013）。

院校結構和文化的轉變

HERS 可看作是一種監控機制，創造了一種環境，其中的壓力有時很明顯，但通常是隱蔽的。大學被迫關注很多細節，使統計數據變得常

規化，外部的控制因而內化（Espeland & Ssauder, 2007）。此外，排名使大學向各利益相關者開放（Espeland & Sauder, 2007），這包括面對財務透明度及問責的壓力，特別是在院校接受公帑資助的情況下，公開核算目標和結果，以及政府控制個別院校或整個體系的表現（Ordorika & Lloyd, 2013）。Rauhvargers（2011）指出，大學透過改進管理數據的做法，例如改善學生數據、招生資訊、年度大學支出和基礎建設投資、改善校園設施、學生或教職員交流數據、透過商業化獲得的院校收入、教職員資訊和國際化數據等，從排名中得益。

許多大學顯然已經調整了其內部結構和文化以應付排名（Espeland & Sauder, 2015; Hazelkorn, 2013; Espeland & Sauder, 2007），僱用院校研究單位、策略和大學管理人員來分析和衡量他們在排名中的年度表現（Spicer 2017; Yat Wai Lo, 2014）。歐洲大學協會（European Universities Association, EUA）在其項目「排名在院校策略和流程中的作用」（Ranking in Institutional Strategies and Process, RISP）調查了一些 EAU 大學，結果報稱 60% 的大學表示，排名對他們院校的策略規劃過程有影響（Wint & Downing, 2017）。

在某些情況下，大學已經修改了班級規模、學系目標，並合併了一些學系，因為大學排名系統改變了研究生產力和低師生比例（Hazelkorn, 2014）。對排名最常見的反應之一是，努力在 HERS 用來分析研究成果和論文引用的期刊上發表文章（Marope & Wells, 2013）。QS 和 THE 現在使用 Elsevier-Scopus 數據庫，而在 Elsevier-Scopus 數據庫中列出的期刊上發表文章，是在排名中取得成功的重要因素（Wint & Downing, 2017），儘管該數據庫涵蓋新的期刊，並着重包含更多不同語言的期刊，但英語仍然是主要出版語言。因此，這對非英語國家大學的排名產生負面影響（Altbach, Reisberg & Rumbley, 2009）。一些大學為了在全球、地區和國家排名中快速提升名次，會向在頂級期刊上發表文章的學者支付獎金（Wint & Downing, 2017）。

院校回應排名的相似之處

Hazelkorn（2009）比較了不同國家高等教育院校對排名系統的回應。她指出，雖然背景不同，但院校回應的方式、所做的決策以及決策原因都有明顯相似之處。排名鼓勵並影響院校現代化及重組、服務專業化及高等教育市場化、研究使命及領域、課程及學科、教職員招聘及新職業/合約安排，還有學生的選擇和就業機會（Hazelkorn & Ryan, 2013）。此外，排名還影響決策、學術行為、資源分配、國際排名的期刊出版、晉升標準、組織結構和院校合併，以及在前面幾章所闡述的其他眾多方面。

一些研究指出，學者和大學管理層與其所屬院校的聲譽緊密相連，他們的職業生涯很可能會因排名提升而受益（Schleef, 2006）；同樣，大學管理層也因為排名表現而獲聘或遭解僱（Espeland & Sauder, 2015）。許多排名將國際學術人員和學生比例作為質素指標，迫使各級領導層增加國際招聘（Wint & Downing, 2017）。

Espeland 和 Sauder（2015）探討了法律學院排名對院長的影響，發現對於大多數院長來說，排名是焦慮的來源，許多人因排名採用的方法而對排名表示不屑。儘管如此，由於公眾、教職員和學生關注排名，這些院長不能置排名於不顧。一些大學管治機構和校長非常重視排名結果，給院長增加了要提高排名的額外壓力，導致許多人覺得必須提升自己的排名表現。一位院長說，每一個關於人事、課程、學校政策和預算的決定，身為院長的他都會問自己：「這對我們的排名會有什麼影響？」此外還會問「這對我們學院來說是最好的嗎？」這兩個問題的答案往往出現分歧，當中包括排名的影響與專業判斷、專業知識對立（Espeland & Sauder, 2015, p.107）。

此外，排名確定院校的地位，影響了專業機會分配的方式，使在招聘學者時往往會考慮排名，招聘人員傾向選擇在 Scopus 中具有最佳

出版和論文引用表現的求職者（Espeland & Sauder, 2015）。另外，許多大學領導層和政策制定者也會參考排名結果和標準來分配資源（Wint & Downing, 2017），大學將資金分配到更有可能產生較高排名的領域，這通常會導致自然科學學科的預算增加，而不利於人文和社會科學的發展。因為大多數排名系統過分強調自然科學、醫學和工程學的論文引用影響力（Rauhvargers, 2014; Marope & Wells, 2013）。同樣，為了提高排名，大學有時會增加建立特質和產品方面的支出，希望藉此提升在排名榜中的位置（Spicer, 2017）。

大學利用排名與其他地位相同的院校合作（Espeland & Sauder, 2007），這包括建立戰略聯盟和專屬大學網絡，如 LERU（League of European Research Universities，歐洲研究型大學聯盟）或 Universitas 21（21 世紀研究型大學的全球網絡）（Kehm, 2014）。此外，Hazelkorn（2013）指出，美國的一些大學（佛羅里達／亞利桑那），以排名頂級的大學為基準，以此作為表現衡量系統，與學術薪酬掛鉤。在 QS WUR 2019 年的增刊中，Sowter（2018）指出，許多國家包括巴西、丹麥、中國、日本、馬來西亞、新加坡、俄羅斯、哈薩克斯坦、智利、荷蘭、泰國，出於各種原因，參考 QS 排名來制定政策。如前所述，荷蘭和丹麥利用排名來制定移民政策（Rauhvargers, 2014）；同樣，俄羅斯特別指明承認 QS、THE 或 ARWU 中排名前 300 位大學的資歷，而馬其頓則承認排名前 500 位大學的資歷（Wint & Downing, 2017）。

媒體力量

媒體是排名系統中另一個重要利益相關者。由於資訊通訊科技革命和社交網絡發展，大眾媒體的力量不斷增加，使高等教育成為一個媒體影響力活躍的領域，大學利用 Facebook 和 Twitter 等社交網絡平台作為有效營銷工具，加強了 HERS 的影響力（Scott, 2013）。現在，

排名成為重大新聞，媒體成為大學管理層持續的焦慮來源。Espeland & Sauder（2015）展示一些採訪摘錄，指出大學管理層在排名下降時受到媒體審查的現象，結果更多資源被分配到營銷和「品牌管理」上，這無疑增加了院校和學生的財務壓力（Scott, 2013），市場化力量已造成改變（Hazelkorn & Gibson, 2017; Scott, 2013）。

Espeland 和 Sauder（2007）提出引致「量化相稱」院校反應的不同機制，而大學排名的一個首要後果與其中一個機制有關，這後果是 HERS 採用的普遍方法導致追求一致的政策與做法去改善排名指標（Wang et al., 2013），造成「同構」現象，即排名較低的大學試圖模仿排名較高的大學（Kehm, 2014）。

排名對政策的影響

或許，最受排名影響的是國家政策，其體現為加強制定政策目標以提高全球競力和表現（Hazelkorn & Gibson, 2017; Hazelkorn & Ryan, 2013; Salmi, 2009; Dill & Soo, 2005）。Gornitzka（2013）提出了三種國家慣常方式，以應付排名系統帶來的轉變：

- 院校傳遞跨國政策，導致國家政策趨向一致
- 院校可以充當緩衝，使國家政策免受外部影響
- 院校可以篩選跨國政策，即各自的變化具有國家特色

排名強烈影響了高等教育院校的行為，因為能在排名榜中出現，提高了院校在國內和國際地位和聲譽，這使大學不得不持續改進或維持自己的排名（Wing & Downing, 2017）。自上海排名的 ARWU 首次公佈以來，卓越舉措大幅增加，這再次證明了各國政府日益重視發展世界一流大學（Salmi, 2009）。全球超過 30 個國家採取了針對排名的政策改革（Hazelkorn & Gibson, 2017），其中許多國家公開表示要提高大學排名和

／或使用排名指標（Hazelkorn & Gibson, 2017）；而法國、中國、新加坡、韓國和台灣的舉措獲得最慷慨的資助（*The Economist*, 2016）。

許多政策舉措為精英院校提供資金，以取得更大成就，同時「二線」院校的預算則被逐步壓榨（Wint & Downing, 2017）。很多舉措顯而易見。例如在 2013 年，雖然法國很多政府部門削減開支，但高等教育部門開支卻大幅增加，甚至更多資金分配予研究機構（Hazelkorn & Ryan, 2013）。法國政府計劃合併現有的 19 所院校，試圖創建一所能與哈佛和麻省理工相媲美的大學。這個名為「巴黎―薩克雷」（Paris-Saclay）的項目，初始資金為 75 億歐元，用於成立院校捐助基金、校舍建築及交通連接（Spicer, 2017; Hazelkorn & Ryan, 2013）。同樣，在過去十年，德國進行了重大政策改革，並增加投入資金。因應在各排名中表現較差，德國於 2005 年啟動了卓越舉措，該舉措的第二階段於 2012 年推出，耗資 27 億歐元，用於資助 45 所研究院、43 個卓越群體和 11 項未來發展策略。2010 年，專門用於高等教育年度預算比例達到歷史最高水平（Hazelkorn & Ryan, 2013）。2013 年，俄羅斯總統普京啟動了「項目 5-100」，以提高俄羅斯頂級大學在全球高等教育市場的競爭力，其目標是讓五所俄羅斯大學躋身世界大學排名前 100 名。此外，該項目還試圖提高國際學生入學率，特別是來自亞洲和非洲地區的學生（QS Asia News Network, 2018; Spicer 2017）。同樣，尼日利亞的 2/200/2020 願景旨在到 2020 年，至少有兩所院校打進世界排名前 200 位（Hazelkorn & Gibson, 2017）。日本則希望到 2023 年有十所日本大學進身世界前 100 位（Spicer, 2017）。此外，芬蘭政府投入大量資金，合併三所院校，創建「北歐麻省理工學院」，以提高其排名位置（Spicer, 2017）。

2016 年，中國宣佈一項新計劃，名為「世界一流大學政策 2.0」，旨在於 2020 年將六所大學建設成全球頂級院校（Sharma, 2015a, 2015b）。這項舉措將提升中國九所頂級大學的地位，並創建與其他

大學合作的國際中心。此外，中國政府還設定了一個目標——到 2050年，會有 42 所中國大學打入國際頂級排名（Griffin, Sowter, Ince & O'Leary, 2018）。在這之前，中國政府曾投入數十億美元，歷時八年，以提高研究水平和全球排名（Bothwell, 2016）。在東亞地區，泰國和馬來西亞等國家鼓勵一些精英大學在排名中追求世界一流的地位。一些國家採取另類方案，例如澳洲選擇在高等教育領域內向各方平均分配資源，從而加強整個高等教育體系，而非只關注少數精英大學，以振興整個系統（Sheil, 2010）。

雖然這些舉措大多以建設世界一流大學為目標，也同時主要關注提高研究能力。全球知識經濟似乎更看重研究而非教學，而 HERS 也是如此（Hazelkorn & Gibson, 2017），結果強化了「不出版就完蛋」的現象（Hazelkorn, 2013）。因此，HERS 也可以看作是高等教育表現文化崛起的原因。高等教育院校與社會行動者之間的關係在地區層面上也發生了變化（Hazelkorn & Gibson, 2017）。Hazelkorn 和 Gibson（2017）指出，歐盟認為，如果歐洲不想在全球教育、研究和創新競爭中失利，高等教育領域需要深入改革及現代化。假若沒有明確提及，很難確定政策改革是否源自追求排名的雄心壯志，但可以假設排名發揮「強大的霸權功能」，潛移默化地影響政策論述（Hazelkorn & Gibson, 2017）。

操控排名方法和「玩弄」

一旦建立了排名系統，就會產生一個玩弄排名的系統（Spicer, 2017, 第 7 段）。大學可以選擇採用眾多策略來提高排名表現，其中一些策略會帶來真正的改進，使學生和其他利益相關者受益；而另一些舉措則完全是出於排名考慮。人類或許天生就渴望操控排名，使排名顯得不那麼強制，以減輕排名帶來的壓力（Espeland & Ssauder, 2015）。而所有排名都有漏洞，大學可以利用這些漏洞來提高排名（Wint &

Downing, 2017）。投放最少的資源就可以造成一定的排名上升（Holmes, 2017）。許多大學已被發現涉嫌歪曲院校數據、利用招聘教職員和 / 或調查回應等方式來提高排名（Holmes, 2017; Pérez-Peña & Slotnik, 2012）。少數大學被發現故意曲解規則、挑選數據或撒謊以「玩弄系統」（Pérez-Peña & Slotnik, 2012, 第 2 段）。Pérez-Peña 及 Slotnik（2012）列舉了一些涉及《美國新聞與世界報道》最佳大學排名的例子，艾奧納學院（Iona College）承認他們多年來在考試分數、畢業率、留校率、錄取率、校友捐贈和師生比例方面說謊。同樣，克萊蒙特・麥肯納學院（Claremont McKenna）也承認他們人為地誇大了 SAT 分數（Pérez-Peña & Slotnik, Brody, 2012）。此外，2008 年貝勒大學（Baylor University）為了提高 SAT 的平均成績，向獲取錄的學生提供經濟獎勵，讓他們重新參加 SAT 考試（Pérez-Peña & Slotnik, 2012; Rimer, 2008）。

最近，沙特阿拉伯的一所大學透過提供兼職合約給數十名論文引用率高的研究員，在各種排名中取得顯著提升。這所大學要求這些研究員將大學列為他們的第二隸屬單位，從而在排名中增加論文引用數量（Holmes, 2017）。然而，在 HERS 取消文獻計量中的第二關聯因素後，這所大學的提升速度便放緩了（Shastry, 2017）。

2017 年，位於印度金奈（Chennai）的 VEL 科技大學（VEL Tech University）在 THE 亞洲排名（地區排名）的論文引用指標位居亞洲之首，儘管該大學在其他排名中的表現並不出色（Shastry, 2017）。經過一些分析後，QS 情報部門負責人 Ben Sowter 認為，這些結果是由於一位研究者在自己擔任副編輯的期刊中，於過去兩年過度引用自己的論文（Holmes, 2017）。如果相對較少數量的論文獲得大量引用，THE 採用的地區調整方法可能會得出不相稱的分數（Holmes, 2017）。

QS 世界大學排名的一個特殊弱點是，有可能操控聲譽調查。近年來，一些拉丁美洲和亞洲大學在學術和僱主調查獲得的分數，遠遠高於

其他指標（Holmes, 2017）。Holmes（2017）指出這些院校分別來自日本、中國、巴西、智利和哥倫比亞。2016 年，QS 指責都柏林聖三一學院（Trinity College (Dublin)）違反排名指引，向畢業生和學者發信，提醒他們注意 QS 和 THE 的評估（聲譽調查）。聖三一學院為自己辯護，他們並沒有試圖影響調查參與者的回應，只是希望提醒參與者留意這調查並提升回應率（O'Sullivan, 2016）。同樣，O'Sullivan（2016）記起另一更早前發生的事件，涉及科克大學（University College Cork），其校長發信給教職員，建議他們聯繫自己的國際人脈，讓他們了解 QS 聲譽調查。排名必然導致競爭，一些院校和個人會越過不清晰的界限和指引，超越 HERS 原本的設想。此外，有時相對低級別的工作人員獲委托收集和計算院校數據，但高級管理人員對其監管不足，而這些低級別員工常在排名的壓力下（明示或暗示），往往抵擋不住誘惑，提交不確數據，藉以提高排名。他們知道，如果大學的排名下降，他們可能會被視為無能；而如果大學排名上升，他們則會受到讚揚。在這種環境下，職業前途可能會受到影響或毀掉。但實際上，審查的對象是整所院校的表現，而不是少數負責提交數據的人。因此，至為重要的是，要確保提交的排名資料在所有階段都受到院校高級管理人員審查，以保護院校的誠信並減少聲譽受損的可能；這也確保高級管理人員對每次提交給 HERS 的資料承擔應有責任。

總結

本章確定並討論了排名對世界不同地區院校造成的情景挑戰，探討 Spring（2008）對教育全球化過程的解讀，當中包括「世界文化」、「世界體系」、「後殖民主義」和「文化主義」四方面（Spring, 2008）。本章展示了「世界體系」理論和「後殖民主義」分析可用以解釋高等教育院校和高等教育系統如何根據其獲得的學術資源分成不同組別，以及如

何同時趨向一致和分化，以應對中心霸權凌駕邊緣的全球力量（Arnove, 1980）。正如 Altbach（2004）指出，幾乎所有大學在結構、組織和概念上都偏向歐洲模式，這意味着西方模式主導着國際高等教育，高等教育院校與本土文化並沒有密切聯繫。

我們還討論了大學要獲得「世界一流」地位的壓力，這似乎越來越等同在一個或多個全球 HERS 中取得高排名，排名對國家政策和開支產生越來越大的影響，因為各國相爭建立在 HERS 中表現優異的精英院校。排名也必然影響了高等教育院校的行為，因為院校在排名榜中出現，會提升其國內和國際知名度和聲譽，這迫使大學不斷改進或維持其排名（Wint & Downing, 2007）。有時，這種壓力及媒體的持續關注，使得一些院校和個人為了獲得更高排名而蹚入操控排名方法或玩弄 HERS 的渾水中。在一些案例中，院校因此被禁止參與排名一年或更長時間，甚至對負責的教職員和管理人員帶來更嚴重後果。

第八章把全球知識經濟的力量描述為「推動」與「拉引」效應，進一步闡明本章所討論的國際背景。「推動」包括經濟、高等教育資金、學術（學生和教職員）流動；「拉引」則指對全球知識經濟的當代政治影響，更具體地説，是美國和英國新管治結構所帶來的變化。第八章認為，這兩個國家的新政府將繼續影響全球高等教育，因為美國和英國仍然獲視為最成功和最具影響力的全球高等教育提供者。第七章和第八章都強調了參與排名對國家、高等教育院校、發達國家及發展中國家相關人等所產生的影響。

參考資料

Altbach, P. G. (2004). *Globalisation and the university: Myths and realities in an unequal world. Tertiary Education and Management*, 10(1), 3–25.

Altbach, P. G., Reisberg, L., & Rumbley, L. E. (2009). *Trends in global higher education: Tracking an academic revolution.* Paris: United Nations Educational, Scientific and Cultural Organisation.

Arnove, R. F. (1980). *Comparative education and world-systems analysis. Comparative Education Review*, 24(1), 48–62.

Bailey, E. K. (2011). Positional "inferiority": A postcolonial analysis of the experience of Jamaican teachers' college faculty. *The Online Journal of New Horizons in Education*, 1(2).

Baker, D. P., & Le Tendre, G. K. (2005). *National differences, global similarities.* Stanford: Stanford University Press.

Bilecen, B., & Van Mol, C. (2017). Introduction: International academic mobility and inequalities. *Journal of Ethnic and Migration Studies*, 43, 1241–1255.

Birmingham, R., Elder, O., Gotz, F., Sijmons, R., & Yardeni, A. (2017, April 28). Students and universities. Retrieved from: https://issuu.com/cambridgebrexitreport/docs/00_the_cambridge_brexit_report_6352c4231b66f1

Bothwell, E. (2016). On a trajectory for global success. In P. Baty, *The BRICS and emerging economies rankings 2016* (pp. 8–9). London: Elsevier.

Bothwell, E. (2017, April 27). Global visa crackdowns may herald era of 'contested' mobility. Retrieved from: www.timeshighereducation.com/news/us-australia-visa-crackdowns-may-herald-era-of-contested-mobility

Bothwell, E., & Grove, J. (2017, September 5). Times Higher Education World University Rankings 2018: Results announced. Retrieved from: www.timeshighereducation.com/news/world-university-rankings-2018-results-announced

Bridgestock, L. (2015, July 8). QS World University Rankings: BRICS 2015 - Overview. Retrieved from: www.topuniversities.com/university-rankings-articles/brics-rankings/qs-university-rankings-brics-2015-overview

British Council. (2012). The shape of things to come: Higher education global trends and emerging opportunities to 2020. Retrieved from: www.britishcouncil.org/sites/britishcouncil.uk2/files/the_shape_of_things_to_come_-_higher_education_global_trends_and_emerging_opportunities_to_2020.pdf

British Council. (2014). *Postgraduate student mobility trends to 2024.* London: British Council.

Brody, R. (2012, January 30). Senior CMC admissions administrator falsely reported SAT scores. Retrieved from: http://cmcforum.com/news/01302012-cmc-office-of-admission-falsely-reported-sat-scores.

Collier, S. (2017, January 16). Brexit and Trump deter international students, survey shows. Retrieved from: www.topuniversities.com/student-info/university-news/brexit-trump-deter-international-students-survey-shows.

Cooper, A., & Dennis, M. (2017, July 11). Trump and Brexit: A catastrophic North Atlantic alliance. Retrieved from: www.timeshighereducation.com/blog/trump-and-brexit-catastrophic-north-atlantic-alliance

Crossley, M. W., & Tikly, L. P. (2004). Postcolonial perspectives and comparative and international research in education: a critical introduction. *Comparative Education,* 40(2), 147–156.

Dill, D., & Soo, M. (2005). Academic quality, league tables, and public policy: A cross analysis of university ranking systems. *Higher Education*, 49(4), 495–533.

Douglas-Grabriel, D. (2017, September 8). Pell Grant award to rise, but program reserves remain in jeopardy. Retrieved from: www.washingtonpost.com/news/grade-point/wp/2017/09/08/pell-grant-award-to-rise-but-program-reserves-remain-in-jeopardy/?utm_terms=.fea0487c4c63

Downing, K. (2013). What's the use of rankings? In P. T. Marope, P. J. Wells & E. Hazelkorn, *Rankings and accountability in higher education: Uses and misuses* (pp. 197–208). Paris: United Nations Educational, Scientific and Cultural Organization.

Else, H. (2017, September 14). How will Brexit shape the European research landscape? Retrieved from: www.timeshighereducation.com/features/how-will-brexit-shape-european-research-landscape

Espeland, W. N., & Sauder, M. (2007). Rankings and reactivity: how public measures recreate social worlds. *American Journal of Sociology*, 113, 1–40.

Espeland, W. N., & Sauder, M. (2015). *Engines of anxiety: Academic rankings, reputation, and accountability.* New York: Russell Sage Foundation.

Gornitzka, A. (2013). Channel, filter or buffer? National policy responses to global rankings. In T. Erkkilä, *Global university rankings: Challenges for European higher education* (pp. 75–91). Basingstoke: Palgrave Macmillan.

Griffin, S., Sowter, B., Ince, M., & O'Leary, J. (2018, June 6). QS Word University Rankings 2019 supplement. Retrieved from: www.topuniversities.com/student-info/qs-guides/qs-world-university-rankings-2019-supplement

Hazelkorn, E. (2009). Rankings and the battle for world-class excellence. *Higher Education Management and Policy*, 27(1), 1–22.

Hazelkorn, E. (2013). How rankings are reshaping higher education. In V. Climent, F. Michavila, & M. Ripollés, *Los rankings universitarios, Mitos y Realidades*. Tecnos.

Hazelkorn, E. (2014). Reflections on a decade of global rankings: what we've learned and outstanding issues. *European Journal of Education*, 49(1), 12–28.

Hazelkorn, E., & Altbach, P. G. (2017, January 8). Why most universities should quit the rankings game. Retrieved from: www.universityworldnews.com/article.php?story=20170105122700949

Hazelkorn, E., & Gibson, A. (2017). Global science, national research, and the question. *Palgrave Communications: Humanities, Science, Business*, 3(1), 1–18.

Hazelkorn, E., & Ryan, M. (2013). The impact of university rankings on higher education policy in Europe: A challenge to perceived wisdom and a stimulus for change. In P. Zgaga, U. Teichler, & J. Brennan, *The globalization challenge for European higher education: Convergence and diversity, centres and peripheries*. Frankfurt: Centre for Social and Educational Research.

Holmes, R. (2017, January 26). University ranking watch. Retrieved from: http://rankingwatch.blogspot.co.za/2017/01/comments-on-hepi.report.htm.

Hunt, A., & Wheeler, B. (2017, September 26). Brexit: All you need to know about the UK leaving the EU. Retrieved from: www.bbc.com/news/uk.politics-32810887

ICEF (2013, September 19). Hong Kong's allure underscores strengthening Asian education hubs. Retrieved from: http://monitor.icef.com/2013/09/hong-kongs-allure-underscores-strengthening-asian-education.hubs/

ICEF (2015, March 6). Global economic power projected to shift to Asia and emerging economies by 2050. Retrieved from: http://monitor.icef.com/2015/03/global-economic-power-projected-shift-asia-cmerging-economies-2050/

ICEF (2016, March 4). US and UK losing market share to regional destinations. Retrieved from: http://monitor.icef.com/2016/03/us-and-uk-losing-market-share-to-regional-destinations/

ICEF Monitor (2017, January 9). Trump victory driving increased interest in Canadian universities. Retrieved from: http://monitor.icef.com/2017/01/trump-victory-driving-increased-interest-canadian-universities.

IHEP (2009, July 2018). Impact of college ranking on institutional decision making: Four country case studies. Retrieved from: www.ihep.org/publications/publicationsdetail.cfm?id=126

Kaiser, J. (2017, September 6). Senate spending panel approves $2 billion raise for NIH in 2018. Retrieved from: www.sciencemag.org/news/2017/09/senate-spending-panel-approves-2-billion-raise-nih-2018

Kehm, B. M. (2014). Global university rankings: Impacts and unintended side effects. *European Journal of Education*, 49(1), 102–111.

Kelly, N. (2017, June 7). Another budget bump could be coming for the NIH. Retrieved from: www.theatlantic.com/politics/archive/2016/06/nih-budget-increase-senate/486026/

Lederman, D. (2017, July 13). Shunning White House on higher education spending. Retrieved from: www.insidehighered.com/news/2017/07/13/house-bill-would-shield-indirect research-costs-increase-nih-and-college-prep

Liu, N. C. (2013). The academic ranking of world universities and its future direction. In P. T. Marope, P. J. Wells, & E. Hazelkorn, *Rankings and accountability in higlur education: Uses and misuses* (pp. 23–41). Paris: United Nations Educational, Scientific and Cultural Organization .

Locke, W. (2014). The intensification of rankings logic in an increased marketised higher education environment. *European Journal of Education*, 49(1), 77–90.

Macgregor, K. (2014, October 10). Global postgraduate student mobility trends to 2024. Retrieved from: www.universityworldnews.com/article.php?story=20141009145454791

Marginson, S. (2013). Different roads to a shared goal: Political and cultural variations in world-class universities. In Q. Wang, Y. Cheng, & N. C. Liu, *Building world-class universities: Different approaches to a shared goal* (pp. 13–33). Rotterdam: Sense Publishers.

Marginson, S. (2017, September 13). Higher education and research are the 'collateral damage' of Brexit. Retrieved from: www.timeshighereducation.com/blog/higher-education-and-research-are-collateral-damage-brexit

Marope, M., & Wells, P. (2013). University rankings: The many sides of the debate. In P. T. Marope, P. J. Wells, & E. Hazelkorn, *Rankings and accountability in higher education: Uses and misuses* (pp. 1–7). Paris: United Nations Educational, Scientific and Cultural Organisation.

Matthews, A. (2012). South African universities in world rankings. *Scientometrics*, 92, 675–695.

O'Leary, J. (2018, June 6). QS World University Rankings supplement. Retrieved from: www.topuniversities.com/student-info/qs-guides/qs-world-university-rankings-2019-supplement

O'Malley, B. (2017, October 14). International students key to US lead in innovation. Retrieved from: www.universityworldnews.com/article.php?story=20171014060817300

Ordorika, I., & Lloyd, M. (2013). A decade of international university rankings: a critical perspective from Latin America. In E. Hazelkorn, P. J. Wells, & P. M. Marope, *Rankings and accountability in higher education: Uses and misuses*, (pp. 209–234). Paris: United Nations Educational, Scientific and Cultural Organization .

Organisation for Economic Co-operation and Development (2016, February). Education indicators in focus. Retrieved: www.keepeek.com/Digtal-Asset-Management/oecd/education/the-internationalisation-of-doctoral-and-master-s-studies_5jm2f77d5wkg-en?utm_content=buffer99e34&utm_medium=social&utm_sourec=twitter.com&utm_campaign=buffer#page1

O'Sullivan, C. (2016, March 22). Trinity in university ranking breach. Retrieved from: www.irishexaminer.com/ireland/trinity-in-university-rankings-breach-388718.htm.

Paasi, A. (2005). Globalisation, academic capitalism, and the uneven geographies of international journal publishing spaces. *Environment and Planning*, 37(5), 769–789.

Pérez-Peña, R., & Slotnik, D. E. (2012, January 31). Gaming the college rankings. Retrieved from: www.nytimes.com/2012/02/01/education/gaming-the-college-rankings. html

PricewaterhouseCoopers LLP (2015, February 6). The world in 2050: Will the global shift in global economic power continue? Retrieved from: www.pwc.com/gx/en/issues/the-economy/assets/world-in-2050-february-2015.pdf

QS Asia News Network (2018, March 14). The evolution of higher education in Russia. Retrieved from: http://qswownews.com/higher-education-in-russia/

Ramirez, F. O., & Boli, J. (1987). The political construction of mass schooling: European origins and worldwide institutionalization. *Sociology of Education*, 60(1), 2–17.

Rauhvargers, A. (2014). Where are the global rankings leading us? An analysis of recent methodological changes and new developments. *European Journal of Education*, 49(1), 29–44.

Redden, E. (2017, March 13). International applications to US universities stall. Retrieved from: www.timeshighereducation.com/news/international-applications-us-universities-stall

Rimer, S. (2008, October 14). Baylor rewards freshmen who retake SAT. Retrieved from: www.nytimes.com/2008/10/15/education/15baylor.html?scp=1&sq=baylor%20and% 20rimer%20and%202008&st=cse

Roberts, D., Siddiqui, S., Jacobs., B., Gambino, L., & Holpuch, A. (2016, November 9). Donald Trump wins presidential election, plunging US into uncertain future. Retrieved from: www.theguardian.com/us-news/2016/nov/09/donald-trump-wins-us-election-news.

Sadlak, J. (2010). Ranking in higher education: It's place and impact. *The Europa World of Learning*, 1–11.

Salmi, J. (2009). *The challenge of establishing world-class universities*. Washington, DC: The World Bank.

Salmi, J., & Altbach, P. G. (2011). *The road to academic excellence: The making of world-class research universities*. Washington, DC: The World Bank.

Schleef, D. J. (2006). *Managing elites Professional socialization in law and business schools*. Lanham: Rowman & Littlefield.

Schmidt, V. A. (2006). *Democracy in Europe: The EU and national polities*. Oxford, Oxford University Press.

Scott, P. (2013). Ranking higher education. In P. T. Marope, P. J. Wells, & E. Hazelkom, *Rankings and accountability in higher education: Uses and misuses* (pp. 113–128). Paris: United Nations Educational, Scientific and Cultural Organization

Sharma, Y. (2015a October 14). Higher education's future - Asia and technology. Retrieved from: www.universityworldnews.com/article.php?story=20151014195332975

Sharma, Y. (2015b, October 16). Hubs to take elite universities into world-class club. Retrieved from: www.universityworldnews.com/article.php?story=20151015211423407

Shastry, V. (2017, October 12). Inside the global university rankings game. Retrieved from: www.livemint.com/Sundayapp/SxzP28yPCeSyNUCDpfSYiJ/Inside-the-global-university-rankings-game.html

Sheil, T. (2010). Moving beyond university rankings: Developing a world class university system in Australia. *Australian Universities' Review*, 52(1), 69–76.

Skyrme, G., & McGee, A. (2016). Pulled in many directions: tensions and complexity for academic staff responding to international students. *Teaching in Higher Education*, 21(7), 759–772.

Smith, G. (2016, June 23). Update: Still confused about Brexit? Here's a 2-minute explainer. Retrieved from: fortune.com/2016/06/23/what-is-brexit-explainer/

Sowter, B. (2018, June 6). QS World University Rankings 2019 supplement. Retrieved from: www.topuniversities.com/student-info/qs-guides/qs-world-university-rankings-2019-supplement

Spicer, A. (2017, June 23). University rankings: Good intentions, image polishing and more bureaucracy. Retrieved from: https://theconversation.com/university.rankings-good-intentions-image-polishing.and-more-bureaucracy-79936

Spring, J. (2008). Research on globalisation and education. *Review of Educational Research*, 78(2), 330–363.

Sturmer, J. (2017, April 19). Scientists fear 457 visa changes will hinder research; Universities seeking urgent clarification. Retrieved from: www.abc.net.au/news/2017-04-19/ scientists-fear-457-visa-changes-will-hurt-research-labs/8454330

TES Global Ltd. (1990, January 1). The formula for a world-class university revealed. Retrieved from: www.timeshighereducation.com/world-university.rankings/news/the-formula-for-a-world-class-university-revealed

TES Global Ltd. (2017, September 7). Times Higher Education World University Rankings 2018. Retrieved from: www.timeshighereducation.com/world-university-rankings/2018/ world-ranking#!/page/0/length/100/sort_by/rank/sort_order/asc/cols/stats

TES Global Ltd. (2017, September 5). World University Rankings 2018. Retrieved from: www.timeshighereducation.com/world-university-rankings/2018/world-ranking#!/page/ 0/length/25/sort_by/rank/sort_order/asc/cols/stats

The Chronicle of Higher Education (2017, March 16). What Trump's budget outline would mean for higher education. Retrieved, from: www.chronicle.com/article/What-Trump-s-Budget-Outline/239511

The Economist. (2016, January 30). International students: Brains without borders. Retrieved from: www.economist.com/news/international/21689540-australia-and-canada-seek-attract-more-foreign-students-america-and-britain.could?fsrc=scn/tw/te/ pe/ed/brainswithoutborders

The Russell Group (2016, July). Russell Group universities. Retrieved from: www.rus sellgroup.ac.uk/media/5417/russell-group-universities-and-the-european-union.pdf

Thomson, P. (2014, August 14). Life as an international academic: It can mean feeling torn in two. Retrieved from: www.theguardian.com/highcr-education-network/blog/2014/aug/14/international-acadcmic-bring-competitive-advantage-british-universities

Van Damme, D. (2016, March 9). Is international academic migration stimulating scientific research and innovation? Retrieved from: http://oecdeducationtoday.blogspot.co.za/ 2016/03/is-international-academic-migration_9

Visser, D., & Sienaert, M. (2013). Rational and constructive use of rankings: A challenge for universities in the global south. In Q. Wang, Y. Cheng, & N. C. Liu, *Building world class universities* (pp. 145–160). Rotterdam: Sense Publishers.

Wang, Q., Cheng, Y., & Liu, N. C. (2013). *Building world-class universities: A different approach to a shared goal.* Rotterdam: Sense Publishers.

Wint, Z., & Downing, K. (2017). Uses and abuses of ranking in university strategic planning. In K. Downing, & F. A Ganotice, *World university rankings and the future of higher education* (pp. 232–251). IGI Global.

Yat Wai Lo, W. (2014). *University rankings: Implications for higher education in Taiwan.* Singapore: Springer.

Yudkevich, M. (2015). Prescription for the fever. In P. Baty, *Times Higher Education World University Rankings: BRICS and emerging economies* 2016 (p. 26). Elsevier.

Zhou, N. (2017, May 3). International students could be left marooned by 457 visa abolition. Retrieved from: www.theguardian.com/australia-news/2017/may/03/international-students-could-be-left-marooned-by-457-visa-abolition

8

排名、政治、地理
及全球知識經濟

引言

第八章繼續探討前一章所論的國際背景，重點研究排名、全球知識經濟及政治變革和地理對高等教育發展的影響。全球知識經濟的力量可以用「推動」和「拉引」的效應來描述，其中「推動」包括經濟、高等教育資金和學術流動的走向，而「拉引」則涉及當代政治對全球知識經濟的影響。本章會更詳細討論美國和英國的新管治架構所帶來之變化，以說明這兩個國家的新政府將繼續影響全球高等教育。

全球知識經濟的推動與拉引

排名使我們能夠了解國家大學在國際議程中的定位，使大學可以反思自己在全球學術市場的地位（Yudkevich, 2015）。有時候，建立世界一流大學獲視為等同在全球經濟中取得成功（Wint & Downing 2017），因此，各國會投放大量資金到高等教育預算中，並着眼於排名，各國在這方面的能力受到自身經濟實力影響（OECD, 2017; Hazelkorn & Ryan, 2013）。人口驅動因素、經濟驅動力、雙邊貿易模式都與競爭加劇和高等教育擴張有關（British Council, 2012）。Hazelkorn 和 Altbach（2017; 第 15 段）指出「如果沒有大量財政和其他資源，學術機構幾乎不可能提高其排名地位。」

參照各國經濟預測，可得出全球知識經濟的背景脈絡。專業服務公司普華永道（PricewaterhouseCoopers，英文簡稱 PwC）分析了預計會影響全球經濟的宏觀趨勢（ICEF, 2015）。PricewaterhouseCoopers LLP（2015; 13）的方法包含了國際貨幣基金組織（International Monetary Fund）《世界經濟展望》（*World Economic Outlook*）（2014 年 10 月）估計的數據，並受到諸如以下的關鍵因素推動：

- 勞動年齡人口的增長（根據最新的聯合國人口預測）
- 人力資本的增長，這裏用成年人口的平均教育水平來代表
- 實物資本存量的增長，這是由淨投資減去折舊來帶動的
- 總要素生產力增長，這是由技術進步和低收入國家利用其技術和流程追趕富裕國家所推動的

　　最新分析表明，經濟實力正從北美、西歐和日本發達經濟體轉向亞洲和增長較快的新興經濟體（PricewaterhouseCoopers LLP, 2015; Sharma, 2015a, 2015b）。未來幾十年，全球三大經濟體，即中國、印度、美國及其他地區的規模將進一步擴大（ICEF, 2015; PricewaterhouseCoopers LLP, 2015）。2014 年，按購買力平價計算的第三大經濟體（印度）比第四大經濟體（日本）大 50% 左右。普華永道預測，2050 年印度將超越美國成為世界第二大經濟體，第三和第四大經濟體（美國和印尼）之間的差距將擴大到 240%（PricewaterhouseCoopers LLP, 2015）。

　　此外，按購買力平價計算，美國和歐盟在全球 GDP 中的份額將從 2014 年的 33% 下降到 2050 年的 25% 左右，而哥倫比亞、巴西、波蘭和馬來西亞則被視為具有可持續長期增長潛力的新興經濟體。預計到 2030 年，墨西哥和印尼將超越英國和法國（按購買力平價計算），土耳其有可能超越意大利（PricewaterhouseCoopers LLP, 2015）。PricewaterhouseCooper LLP（2015）警告快速增長的經濟體不要過度依賴自然資源，像俄羅斯、尼日利亞和沙特阿拉伯這樣的國家應致力使其經濟多元化，以長遠地維持目前的增長。

東亞崛起成為國際知識網絡

東亞崛起成為國際知識網絡，至少部分是由於各種高等教育體系推動的，而中國是其中的主導力量（ICEF, 2016; Sharma 2015a, 2015b; ICEF 2013; British Council, 2012）。在過去十年，中國的研究與發展支出平均每年增長 23%（Bothwell, 2016）。在 2015 年，中國在研究與發展方面的支出僅次於美國（Bridgestock, 2015）。Bothwell（2016）比較一所大型大學的預算規模與印度 18 所技術學院預算規模，中國在 THE 和 QS 金磚國家（巴西、俄羅斯、印度和南非）排名系統中佔主導地位並不足為奇（Bridgestock, 2015; Bothwell, 2016）。中國正在建立一個擁有世界一流大學的大規模高等教育網絡，或許有朝一日可以與美國頂尖院校一較高下（Marginson, 2016; Altbach, 2016）。

到 2025 年，印度將超越中國，成為擁有最多高等教育學生（1.19 億）的國家（PricewaterhouseCoopers LLP, 2015）。印度的主要關注之一不僅是擴大高等教育的覆蓋面，還要提高高等教育的質素（ICEF, 2016; Sharma, 2015a）。為了實現這一目標，印度政府建立了一套有利於發展的監管架構，以支持十所公立和十所私立院校成為世界一流的教學及研究學院（ICEF, 2016; Sharma, 2015b）。許多新興市場將自己定位為教育樞紐或類近的品牌，積極吸引高等教育界別到來投資（British Council, 2012）。

全球經濟影響力的顯著變化將會與國際學生流動相呼應（ICEF, 2016）。到 2020 年，印度、中國、美國和印尼將佔全球 18 至 22 歲人口的一半以上（British Council, 2012）。此外，預計到 2025 年，美國、巴基斯坦、巴西、孟加拉、埃塞俄比亞和菲律賓將擁有大量學生年齡人口（ICEF, 2016）。

推動力：學術流動

正如前面章節所討論，近年來高等教育的一個顯著特點是國際聯繫的增長（Skyrme & McGee, 2016）。20 世紀 80 年代，留學機會開始出現，富裕的大學開始在其援助計劃中提供大量獎學金（The Economist, 2016）。今天，高等教育已成為全球化速度最快的系統之一，有 500 萬學生在外國學習或做研究（Van Damme, 2016），越來越多大學和政府推出政策，吸引優秀學生跨國留學（Wint & Downing, 2017），大多數高等教育國際學生集中在美國、英國、澳洲、法國、德國、俄羅斯、日本和加拿大（Bilecen & Van Mol, 2017; British Council, 2012）。按最近的 QS WUR 指標排名，阿聯酋、英國、瑞士、香港和澳洲等地方的國際學生比例最高（Griffin et al., 2018）。到 2025 年，中國可能仍將是最大學生輸出國，但到時中國也將接收比過往更多的留學生（ICEF, 2016）。教育機構將美國列為最具吸引力的留學目的地（The Economist, 2016），亞洲國家已經成為美國、英國、加拿大和澳洲頂尖院校的重要收入來源（ICEF, 2013），然而，最新預測顯示在未來幾年，這些國家的國際留學生份額將會減少（PrincewaterhouseCoopers LLP, 2015）。

鑒於高等教育投資增加及人口結構不太理想的國家產能過剩，中國、新加坡、馬來西亞和一些海灣國家最終可能成為增長最快的留學目的地（British Council, 2012）。新興留學目的地的國內教育質素提高，使更多本國學生選擇在自己國家境內或他們熟悉的文化中學習。英國文化協會報告說，2012 年有 26% 的阿拉伯學生在中東地區學習，而在 2007 年只有 12%（ICEF, 2016）。同樣，現在有超過 40% 的亞洲學生出國到亞洲院校學習（1999 年為 36%）（ICEF, 2016）。這轉變意味着，亞洲學生在考慮選擇高等教育院校時，比以往有更多機會留在家鄉附近（ICEF, 2016; Sharma, 2015b; ICEF, 2013）。其他國家在地區層面充當留學目的地的角色越來越吃重，例如南非（撒哈拉以南非洲）、新

加坡、香港及馬來西亞（東南亞）、韓國（東北亞）。為了彌補年輕人口減少，俄羅斯、韓國、意大利和日本等國家可能會擴大國際招生工作（ICEF, 2016）。

全球研究格局多元化

全球研究格局正趨多元化（Van Damme, 2016）。對各國來說，吸引國際碩士生和博士生與吸引本科生同樣重要，除了增加學費收入外，這些研究生還對國家的研究和發展有所貢獻（OECD, 2016）。由於研究成果對獲取資金和爭取國際大學排名的影響日益重要，各大學都希望吸引人才（British Council, 2014）。目前，大多數研究生來自亞洲，美國接納了其中近 40%。英國文化協會預測到 2024 年，尼日利亞、沙特阿拉伯、印尼、巴基斯坦等國家將成為僅次於印度和中國的重要國際市場（Macgregor, 2014）；而預計澳洲和加拿大的年均入境研究生增長最多，各為 4.1%（British Council, 2014）。

國際博士生畢業後可能留在就讀的國家，成為專業人員、技術人員和研究人員，擴大該國勞力（OECD, 2016）。國際博士生受到那些在研究和發展方面投入大量資源的國家吸引（OECD, 2016），盧森堡、荷蘭、瑞士和瑞典等國家在這方面的投資吸引到最多博士生（OECD, 2016）。有兩組數據在國家層面密切相關，顯示博士生對就讀國家的科學研究數量和質素有正面影響，這可能促使政府增加大學研究和發展的開支，而國際學生間接有助該國的創新進程和研究密集型知識經濟發展。

QS WUR（2019）顯示，排名前 500 的大學國際學生比例年均增長 6.3%，與此類近，前 500 名大學的國際教職員比例也增長了 6.6%，從 2018 年度版次的 242,984 人增加到 2019 年度版次的 259,021 人。在

過去十年裏，全球學術流動明顯增加（Bilecen & Van Mol, 2017）。中東和東南亞聘請了大量國際教職員，瑞士和澳洲在國際教職員指標上也表現出較高的平均比率。阿聯酋的學術人員中超過90%是外國人，緊隨其後的是澳門（84%）、卡塔爾（81.3%）和新加坡（64%）（Griffin et al., 2018），可見頂級學術界可能是世界上最國際化的社群（*The Economist*, 2016）。

大學一般仍以內部為重，但同時意識到需要促進國際對話、網絡、夥伴關係和出版物的發展（Thomson, 2014）。卡塔爾、新加坡、阿拉伯聯合酋長國和中國在國家政策中推動國際化，包括邀請知名外國大學在當地建立校園（Gibney, 2013）；澳洲和加拿大等國家已經調整了簽證和移民要求以吸引國際學生（Altbach, Reisberg & Rumbley, 2009）。根據 Altbach et al.（2009）的說法，大多數主要研究出產國，如美國、英國、德國、法國、加拿大、意大利、澳洲、西班牙、荷蘭、日本和瑞士，在過去十年，研究合作的數量增加了一倍。然而，最值得注意的是，在中國，研究合作的數量翻了五倍之多。中國的研究成果是世界上增長最快的，並將在未來重塑研究格局方面發揮很大影響。

國際化在地區和國際層面也很顯著。歐洲的波隆納和里斯本策略是在政策層面上國際參與最明顯的例子。波隆納進程（Bologna process）包括歐洲高等教育地區中的 40 個國家，類似的地區合作例子還有拉丁美洲和加勒比海地區的高等教育、非洲教育國際化網絡（African Network for Internationalisation of Education，英文簡稱 ANIE）、非洲聯盟協調策略（African Union Harmonisation Strategy）（Altbach et al., 2009）等，這些國際合作自不然需要具備透明度和問責制（de Wit, 2010）。

更大的拉引力：
美國和歐洲管治結構的當代變化所產生的影響

目前，美國和英國仍被視為世界上最重要的高等教育提供者（TES Global Ltd., 2017），正如前文提到，兩國獲公認為國際本科和研究生最熱門的選擇（PricewaterhouseCoopers LLP, 2015），但近期的政策變化將對兩國的高等教育體系產生重大影響，尤其是在吸引優秀國際師資和學生以及獲得研究資金等（Marginson, 2017; Else, 2017; Kelly, 2017; Cooper & Dennis, 2017）。

英國脫歐

英國的高等教育是世界上最具競爭力的體系之一。2018 年泰晤士報高等教育世界大學排名（THE WUR）中，牛津大學獲評為世界最佳大學，而英國的大學在排名前 200 位中佔了 31 個名額（TES Global Ltd., 2017）。

2016 年 6 月，英國公投決定退出歐洲聯盟（EU），結束了長達 43 年的成員國身份。脫歐表明歐洲在政治和經濟一體化方面的努力出現逆轉（Smith, 2016）。Brexit（英國脫歐）這英文詞語由 Britain 和 exit 兩個詞合併而成，已廣泛用作英國退出歐盟的簡稱（Smith, 2016）。英國不得不啟動《里斯本條約》（*Lisbon Treaty*）第 50 條，給雙方（英國和歐盟）兩年時間來商定脫歐條款。要解除 43 年的條約和協議，當中涵蓋成千上萬的議題，是個漫長而複雜的過程。英國脫歐將在政治和經濟上影響所有相關國家，並可能成為未來變革的催化劑，因為北愛爾蘭和蘇格蘭經過投票決定留在歐盟，而英格蘭和威爾斯則決定離開（Hunt

& Wheeler, 2017）。正如英國大學協會（Universities UK，英文簡稱 UUK）、羅素大學聯盟（Russell Group）、千禧加大學聯盟（MillionPlus group）和其他高等教育集團等公開表示，大多數高等教育界似乎都強烈支持「留歐」一方。英國大學和學生認為，英國脫歐可能會危及英國高等教育競爭力及其持久的傑出表現（Birmingham, Elder, Gotz, Sijmons & Yardeni, 2017）。

《劍橋英國脫歐報告》（The Cambridge Brexit Report）強調歐盟在英國高等教育中發揮重要作用，歐盟提供了約 16% 的研究經費、16% 的學術人員、125,000 名學生（Birmingham et al., 2017）。Marginson （2017）認為，英國大學在英國是歐盟成員時受益匪淺，而英國脫歐附帶損害了高等教育。在頂尖研究型大學中，超過 25% 的教職員是非英國籍的歐盟公民，而政府的移民政策草案不太可能維持這個人才儲備（Marginson, 2017）。約 4.6% 的英國大學教學收入與歐盟學生直接相關，英國大學協會估計，歐盟學生總共為經濟創造了 22 億英鎊 （Birmingham et al., 2017）。

學生流動

學生流動是另一個可能影響英國大學的因素（Marginson, 2017）。非歐盟國際學生人數可能減少 30% 至 40%，這將削減院校收入 （Marginson, 2017）。雖然英國政府確保在學期間提供全額貸款，但歐洲大陸學生向英國大學申請於 2017 年 9 月至 2018 年 9 月入學的人數減少了 7%（Cooper & Dennis, 2017）。Cooper 及 Dennies（2017）認為，申請入學人數減少可能是由於人們日益認為英國不再歡迎國際學生。預計未來在英國脫歐後，歐盟學生將需要支付更高的國際學生學費 （Cooper & Dennis, 2017）。

國際研究合作

從 1981 年到 2014 年，英國發表的研究中，具有國際合作性質的比例從 16% 增加到 52%（Birmingham et al., 2017）。羅素大學聯盟（2016）表示，他們 80% 的國際合著論文是與歐盟合作者共同撰寫；歐盟成員的身份令教職員及學生可以使用八百多個頂級研究設施（The Russell Group, 2016）。英國歐盟之間的研究合作無疑將會受阻，但目前英國與歐盟研究計劃的最終關係尚不明確。如果歐盟不給予英國「聯席會員地位」，英國的大學將會失去來自歐洲研究協會的大量撥款。劍橋大學近 25% 的研究經費和牛津大學 20% 的競爭性撥款來自歐洲研究協會（Bothwell & Grove, 2017）。在過去十年裏，劍橋大學的研究人員獲得了 218 項歐研究協會個人撥款（Birmingham et al., 2017）；英國羅素人學聯盟的院校也擔心可能會失去歐盟資金（Dothwell & Grove, 2017）。研究資金減少，加上更嚴格的移民政策，可能會影響英國招聘頂尖學術人員的能力（Birmingham et al., 2017; Else, 2017）。

如果英國退出歐盟的研究與創新體系，也會損害歐洲的科學發展（Else, 2017）。歐洲大學協會高級政策協調員 Thomas Jørgensen 表示「英國是最大的參與者，沒有英國參與，必定影響整個系統」（Else, 2017，第 7 段）。Else（2017）引述了歐洲研究型大學聯盟（League of European Research Universities，英文簡稱 LERU）秘書長 Kurt Deketelaere 的話，該聯盟代表了歐洲 23 所研究型大學：

> 很難就如何使用歐盟預算做決定，因為英國是歐盟預算的淨貢獻者（net contributor），如果英國停止向研究與創新領域提供資金，那麼歐洲大陸的大學將受損失。

（頁 3）

《劍橋報告》向英國政府提出了很多有利於英國高等教育系統的建議，部分列舉如下（Birmingham et al., 2017）：

- 將國際學生排除在英國淨移民數字之外
- 英國政府改革現行移民制度，以反映國際研究人員的優勢。這可以採用多種形式，例如免除簽證要求或為學術研究人員提供快速通道簽證
- 英國政府應在「脫歐」談判進行期間，繼續參與歐盟研究及創新撥款計劃「展望 2020」（Horizon, 2020），並且將未來的歐洲框架計劃列為優先項目
- 英國政府應考慮降低所有國際學生的學費（即並非提高歐盟學生學費至現有國際學生學費水平）
- 英國政府應盡力保留參與 Erasmus 學生交流計劃的權利
- 英國政府應審視當前在藝術和人文學科領域的支出，並確保繼續提供支持和資金
- 政府應盡量保證已在英國的歐盟學生和教職員的身份地位
- 政府應清晰向學生和大學明確交待與第 50 條程序相關的過渡安排

特朗普政府

在英國宣佈退出歐盟幾個月後，特朗普獲選為第 45 任美國總統（Roberts, Siddiqui, Jocabs, Gambino & Holpuch, 2016）。特朗普總統的 2018 年度預算提案將教育部的撥款削減超過 13%，減少教育開支是為了抵消國防部、國土安全部、退伍軍人事務部的 500 億美元增長（The Chronicle of Higher Education, 2017）。預算削減了諸如國家衛生研究所和國家科學基金會等機構的資金，這些機構為學術研究提供資金；預

算亦計劃取消主要援助低收入和少數族裔學生的項目。建議的預算案削減近兩億美元的聯邦計劃，該計劃幫助弱勢學生入讀大學並完成學業。削減預算加上限制性移民政策，威脅到美國在科學和技術領域的優勢（The Chronicle of Higher Education, 2017）。

高等教育的預算問題

2017 年 6 月，美國總統提出的預算遭到所屬政黨譴責，因為眾議院的撥款小組發佈了 2018 年度支出法案，拒絕了特朗普政府提議的大部分改革（Lederman, 2017）。該法案減少了教育總開支，但仍保留了大部分對高等教育至關重要的主要項目。雖然特朗普政府主張取消諸如補充教育機會計劃、削減聯邦勤工儉學計劃等項目，但兩者將獲得等額資金。同樣，與預算提案形成鮮明對比的是，美國國家衛生研究所（National Institute of Health，英文簡稱 NIH）的支出並沒有遭到削減，而是將增加十多億美元（Lederman, 2017）。後來在 2017 年 9 月，參議院小組委員會批准給 NIH 增加 20 億美元資金，幾乎是眾議院批准數字的兩倍。美國國家衛生研究所是世界最大公共研究資金的來源，參議院的財政支持對全球研究型大學和研究人員來說是個好消息（Kelly, 2017）。參議院的支出法案還阻止特朗普削減 NIH 支付研究間接成本的提案（Kaiser, 2017）。

參議院的 2018 年度預算還增加了佩爾助學金計劃（Pell program）的最高補助金額，但隨後收回該計劃 100 億美元儲備盈餘的一大部分（39 億美元）（Lederman, 2017）。佩爾助學金計劃是數百萬低收入家庭學生獲得聯邦補助金的主要來源（Douglas-Grabriel, 2017），近三分之二的非裔美國本科生和一半以上的拉丁裔本科生獲得佩爾計劃資助，但資助只覆蓋了公立四年制大學總費用的一小部分（Douglas-Grabriel, 2017）。

赴美國際學生減少

在美國留學的國際學生也受到新法例影響。2017 年初，特朗普總統暫停了 H-1B 簽證的快速審批程序，大學利用這種簽證聘請博士後研究員，國際學生用這簽證尋找就業機會（Bothwell, 2017），暫停快速審批將使國際學生在畢業後很難留在美國（Cooper & Dennis, 2017）。O'Malley 認為，對國際學生更嚴格的簽證要求也可能對美國不利。美國國家政策基金會（National Foundation for American Policy，簡稱 NFAP）的一項研究結果顯示，國際學生在 STEM 研究生課程中佔主導地位，如果沒有國際學生，將無法為許多美國科學和工程研究生課程提供學生（O'Malley, 2017）。「在約 90% 的大學裏，大部分計算機科學和電子工程全日制研究生（碩士和博士）是國際學生。」該研究建議維持對國際學生的合理簽證政策，並使他們在畢業後更易找到工作（O'Malley, 2017）。

Redden（2017）報道了近期的一項調查結果，美國大學本科和研究生課程申請減少了 39%，該調查由六個高等教育團體於 2017年 2 月進行（六個團體為：美國大學註冊與招生人員協會 American Association of Collegiate Registrars and Admissions Officers、國際教育研究所 Institute of International Education、NAFSA：國際教育工作者協會 NAFSA: Association of International Educators、美國大學招生諮詢協會 The National Association for College Admission Counseling，英文簡稱 NACAC、NACAC 屬下的國際重點小組國際大學招生諮詢協會 International ACAC）。申請減少原因可歸因於學生和招生人員主要擔心簽證問題，還有他們認為美國不太歡迎外國學生（Redden, 2017）。調查結果顯示，中東、中國和印度的學生跌幅最大；中國和印度的學生佔美國所有國際學生數目近一半（Redden, 2017）。Bothwell（2017）引述美國大學協會主席 Mary Sue Coleman，美國的簽證改變「嚴重削弱美國大學吸引最優秀、最聰慧的……學生、教育家和科學家的能力」

（第 2 頁）。Cooper 和 Dennis（2017）認為，國際學生近來的看法是，在美國和英國感到不受歡迎，加上學術人員流動受到限制，這肯定會導致現有和潛在人才流失。英國和美國的政策在未來幾年都有可能改變，尤其是脫歐談判的過程漫長，但是，要補救當前存在的看法和現實造成的影響還需要一段時間（Cooper & Dennis, 2017）。

澳洲的新移民政策

　　美國和英國並不是唯一改變與國際學生相關法規的國家。2017 年 4 月，澳洲作為這個最多高等教育國際學生留學的國家之一，廢除了技術移民的四年簽證計劃，即所謂的「457 工作簽證」，這可能對那些在澳洲留學多年，並打算留下來工作的留學生並不公平（Zhou, 2017）。一個新的臨時技術簽證會取代「457 工作簽證」，新簽證為期兩年或四年（Bothwell, 2017）。悉尼科技大學（University of Technology, Sydney）的移民及勞動法研究員 Laurie Berg 表示，這些轉變代表了一種趨勢，即把學生推向臨時簽證（Zhou, 2017）。

　　因為新的臨時技術簽證需要至少兩年工作經驗，這將使澳洲在聘請博士後研究員方面面對挑戰（Sturmer, 2017）。Sturmer（2017）引述實驗物理學家 Biercuk 教授的意見：聘請國際人才對研究和本地員工的發展至為重要。據估計，新的簽證條例可能會危及澳洲 13 萬個由 218 億美元國際教育產業支撐的工作崗位（Sturmer, 2017）。

英國脫歐與特朗普上台後的機遇

　　長遠來看，英國脫歐和特朗普政府將為簽證法規較寬鬆的國家和地區創造機會（Bothwell, 2017; Cooper & Dennis, 2017）。根據 ICEF

Monitor（2017）的數據，受英國脫歐和美國新領導層影響，歐盟學生對加拿大大學的諮詢和申請有所增加（Collier, 2017）。根據 Red Brick Research 在 2017 年 1 月進行的一項調查，當中詢問了國際學生除英國外，哪兒是理想的留學目的地？無論是歐盟學生和非歐盟學生都視德國為第一選擇。但 Cooper & Dennis（2017）認為，加拿大等國家可以簡化學生簽證過程及畢業後找工作的途徑，從而得益。在未來數年，像亞洲和東南亞這樣的地區教育中心將吸引越來越多國際學生（Bothwell 2017; Cooper & Dennis, 2017）。QS 的看法是，亞洲移民可能面臨立法阻力，而英語世界可能會失去國際人才，這些人才將流向台灣、日本和韓國等亞洲國家。

排名的地理分佈

　　大約十年前，Salmi 和 Saroyan（2007）分析了 ARWU 和 THES-QS 排名系統中排名前 100 位的院校分佈情況，並推斷出其中大多數院校都使用英語，主要採用美國研究型大學模式，並且其所處國家，如澳洲、加拿大、中國、日本、英國和美國，都有為國內高等院校進行排名。同樣，Hoyler 和 Jöns（2013）藉着考察各國在 ARWU 和 QS HERS 中的表現，分析了高等教育的不同地理分佈。他們的結論是，高等教育的地理分佈非常不均衡，標示了全球知識流通的特定中心點，這些中心點最符合英美出版文化，並且被視為是經濟增長的動力（Paasi, 2005）。

　　2013 年，ARWU 和 THE 的全球高等教育市場前 100 位仍然嚴重偏向北美和歐洲大學（Wedlin, 2014）。在最近的 QS WUR 排名中，前 100 位仍由美國和英國大學佔據（Griffin et al., 2018），但當細看整個院校排名名單時，QS 世界大學排名的構成略顯多樣化，約三分之一的頂尖大學來自北美（Wedlin, 2014）。QS WUR 排名顯示，亞太地區大學

在總排名中所佔比例較大（約 25-30%）。「在排名首次發佈時，並無預計會有如此高的排名。」（O'Leary, 2018, p. 20）

另一個重要發現是，ARWU 和 QS 產生了獨特的地理分佈，揭示在知識型經濟中，歐洲及美國發展成熟的知識中心與亞太地區新興知識中心之間關係普遍緊張。亞太地區和其他地區的新興知識樞紐和網絡也顯示出，跨國進程在全球高教育中越來越重要。Hoyler 和 Jöns（2013）認為，英美學術霸權可能會受到兩種相互競爭的發展挑戰：一是有可能轉向東亞；二是全球不同層次的知識樞紐激增：

> 這兩個過程目前正導致全球知識經濟的動態變化，並為世界大學排名的編製、流通和解釋提供了重要的背景脈絡。

> （Hoyler & Jöns, 2013, 頁 54）

全球排名具地理意義，不僅由於其為大學排名，而且間接為國家和地區排名，揭示了各地的差異（Erkkilä, 2014; Hazelkorn, 2009; Hazelkorn, 2014），而實際影響受制於院校背景和傳統（Marginson, 2013）。

排名論述中的發展中國家

創建或提升具有全球競爭力（世界一流）大學的趨勢不僅在發達國家有跡可尋，在發展中國家也如是（Yudkevich, 2015; Sharma, 2015a; Marginson, 2014; Wang, Cheng & Liu, 2013）：

> 大學必須確保趕上全球國育世界的快速變化，不致落後，同時在當前全球經濟和日益全球化的就業市場中保持高度競爭力。

> （Wint & Downing, 2017, 頁 232）

許多新興國家設定目標，要以擠身世界一流大學之列來證明自己，而世界一流大學的根據來自在全球排名中的位置（Yudkevich, 2015; Sharma, 2015a; Altbach & Salmi, 2011）。此外，Marginson（2013）認為，世界頂級大學很少用「世界一流」一詞，該詞主要是發展中國家用來表達抱負，並且是排名高的同義詞。各國政府為建立世界一流大學投入了大量資金，包括像尼日利亞那樣的發展中國家（如前所述），該國的 2/200/2020 倡議已成為頭條新聞，這些倡議主要是為了提高一些院校的研究表現（Altbach & Hazelkorn, 2017; Hazelkorn & Ryan, 2013）。正如 Hazelkorn 和 Gibson（2017）提到，全球知識經濟似乎更偏好研究而非教學。因為排名是使用常模參照（norm-referenced），而非標準參照（criterion-referenced），所以儘管排名並不能提供經驗上可驗證的物質基礎來確定「世界一流」院校，但仍可表明院校相對的成就（Salmi & Altbach, 2011）。結果人們追求政策和做法上一致（Kehm 2014; Wang, Cheng & Liu, 2013），這對院校產生了同質化效應（Sadlak, 2010），因為排名沒有考慮到高等院校在使命、目標和挑戰方面的背景差異（Altbach et al., 2009）。

發展中國家的大學在參與 HERS 時面對諸多困難（Matthews, 2012），這些院校必須以有限資源應付社會需求（Visser & Sienaert, 2013）。發展中國家的目標是提升高等教育的入學率，並將重點放在教學和支援機制上，以務求儘可能促使學生成功（Matthews, 2012; Ndoye, 2008）。這必然意味着在追求開放研究議程方面的自由較小（Visser & Sienaert, 2013; Ndoye, 2008）。Yudkevich（2015）警告，一味追求排名可能令大學與當地社區的聯繫減少，也較少關注當地需求。不發達社會的國家現實和發展挑戰需要不同的高等教育體系，以滿足不同的教育目的（Sadlak, 2010）。

然而，高等教育院校必須適應日益劇烈的全球及地區競爭，學生和教職員更多元化，其流動性更大，尤其是來自亞洲和西方的學生，

這也是院校必須適應的（Sharma, 2015a）。在技術日新月異、就業前景難以預測的情況下，高等院校還需滿足僱主和公眾的期望（Sharma, 2015a）。如果一所大學在排名中表現不佳，可能會影響公眾對該院校的看法，從而導致負面情緒累積，並產生公眾壓力（Espeland & Sauder, 2015; Salmi & Saroyan, 2007），造成高等教育的優次項目錯配，使其容易受 HERS 的影響（Ndoye, 2008），這可能導致一些大學為應對即時的排名壓力而重新考慮其使命，放棄了長期目標（Yudkevich, 2015）。

排名對新興和發展中經濟體系的大學產生很大影響，也影響着大多數以地區為重點的大學。Hazelkorn 和 Altbach（2017）認為，中等水平的國家、地區及專科大學、學院、其利益相關者和政府應該退出排名遊戲，因為為取得顯著進步需要投放資源，或需要大幅改變使命或學術項目，這並不值得；絕大多數大學應該關注人口需要，社會和經濟要求（Altbach & Hazelkorn, 2017）。

Sheil（2010）認為，發展中國家和／或較小國家的大學挑戰世界頂尖大學的優越地位是徒勞的。由排名驅動的研究表現文化的維持成本高昂，頂尖院校擁有可觀的人力、財力資源以及科學、工程和醫學方面的優勢，這些在發展中國家的大學中並不常見（Altbach & Hazelkorn, 2017）。此外，研究顯示，參與排名會增加國際合作，但地區合作則會減少（Altbach & Hazelkorn, 2017; Wint & Downing, 2017）。

貧窮國家的大學沒有同樣的財務自由，這可能導致對學生的財政支持減少，但教育的提供卻更有效，而諸如社區參與的利他主義舉措亦會有所增加。大學可能會傾向提高學生費用，這會損害準學生的利益；大學亦會越來越關注第三類收入來源（third-stream income），進一步推進高等教育市場化。排名使用的國際化指標偏重數量而非質素（Altbach & Hazelkorn, 2017）。出國學生和教職員在其本國的社會網絡可能會變

弱，而社會網絡對確保獲得工作和／或新職位至關重要（Bilecen & Van Mol, 2017）。此外，研究明星往往會獲得優厚待遇和更高薪酬（Bilecen & Van Mol, 2017）。

相反，Okebukola（2013）認為，排名的競爭性質可以激勵發展中地區提高質素和研究能力。Downing（2013）指出，排名結果和標準可以是寶貴工具，用以自我反思、制定基準，也是資訊來源，能幫助規劃策略，並促進地區合作（Downing, 2012）。此外，在那些缺乏正規質素控制措施的國家，排名可能是有益的，因為在沒有此類問責措施的國家，排名往往可以取代正式的評審認證系統（IHEP, 2009）。

雖然反對和支持發展中國家參與大學排名的論點不一而足，但許多來自發展中地區的大學及來自發達國家的小型中檔大學仍然在排名中出現。隨着大學排名及各種分類排名增加，並且這些排名沒有採取如 THE 和 QS 那樣一致同意的方法，「參與」的決定權逐漸從大學手中被奪走。因此，即使一些大學退出了 THE 和 QS WUR，他們仍出現在許多地區、主題和世界排名榜中，包括院校數量增加了的 ARWU。因此，對所有院校來說，了解排名對參與大學已經產生或可能產生的影響變得越來越重要。有些影響並非源於參與排名，而是由於日益全球化的高等教育格局，其特點是國際化、市場化、管理主義和高等教育大眾化，這些都得到了世界經濟的支持，並由資訊通訊科技推動。例如，許多政府倡議，如中國的首個倡議，都早於 HERS 出現（Hazelkorn & Gibson, 2017）。然而，研究人員和高等教育專家認為，排名的年度公佈加劇和／或改變了這些普遍的影響，同時帶來額外的影響（Wint & Downing, 2017）。正如 Espeland 和 Sauder（2007）所言，影響既微妙又直接，現有影響最顯著加劇的是高等院校都一致把研究表現置於教學之上（Altbach & Hazelkorn, 2017; Hazelkorn & Ryan, 2013; Yat Wai Lo, 2014）。

前面的章節已經描述了大學如何回應排名，以及對排名和 HERS 影響的各種反應，包括總體目標、抱負以至內部學術招聘政策。研究人員從系統和院校的角度描述了參與 HERS 對大學產生的許多影響。此外，他們還就排名對大學管理的人際和校際影響提出了寶貴見解。再者，大學在其置身的地區和國家經濟、社會政治環境以及高等教育政策中發揮作用，而這些環境和政策決定了政府自治的程度（Bilecen & Van Mol, 2017; Downing, 2012），這些因素將影響或激發大學渴求成為具國際競爭力的院校。（Altbach & Hazelkorn, 2017; Paasi, 2005）。

總結

　　第八章重點討論了不斷發展的全球知識經濟，以及支撐全球高等教育發展和權力等級的一些基礎因素。在將全球知識經濟力量描述為「推動」與「拉引」效應時，本章概述了「推動」的力量，這力量影響着經濟發展、高等教育資金和學術（學生和教職員）的流動。「拉引」的力量包括當代政治對全球知識經濟的影響，尤其是美國、英國和澳洲的新治理架構所帶來之變化。這些國家及其他地方的新政府將繼續影響全球高等教育。我們進一步探討了全球排名對發達國家和發展中國家以及其高等教育院校的影響，可以得出的結論是，這些因素將繼續影響高等教育和 HERS。最後一章將總結本書的重要主題，探討排名的某些方面和影響是否可以被評定為好或壞，甚至醜惡。

參考資料

Altbach, P. G., & Hazelkorn, E. (2017, January 8). Why most universities should quit the rankings game. Retrieved from: www.universityworldnews.com/article.php?story=20170105122700949

Altbach, P. G., Reisberg, L., & Rumbley, L. E. (2009). *Trends in global higher education: Tracking an academic revolution*. Paris: United Nations Educational, Scientific and Cultural Organization.

Altbach, P. G. (2016). China's glass ceiling and feet of clay. Retrieved from: www.universityworldnews.com/article.php? story=20160217143711361

Bilecen, B., & Van Mol, C. (2017). Introduction: international academic mobility and inequalities. *Journal of Ethnic and Migration Studies*, 43, 1241–1255.

Birmingham, R., Elder, O., Gotz, F., Sijmons, R., & Yardeni, A. (2017, April 28). Students and universities. Retrieved from: https://issuu.com/cambridgebrexitreport/docs/00_the_cambridge_brexit_report_6352c4231b66f1

Bothwell, E. (2016). On a trajectory for global success. In P. Baty, *The BRIGS and emerging economies rankings* 2016 (pp. 8–9). London: Elsevier.

Bothwell, E. (2017, April 27). Global visa crackdowns may herald era of 'contested' mobility. Retrieved from: www.timeshighereducation.com/news/us-australia-visa-crackdowns-may-herald-era-of-contested-mobility

Bothwell, E., & Grove, J. (2017, September 5). Times Higher Education World University Rankings 2018: results announced. Retrieved from: www.timeshighereducation.com/news/world-university-rankings-2018-results-announced

Bridgestock, L. (2015, July 8). QS World University Rankings: BRIGS 2015 — Overview. Retrieved from: www.topuniversities.com/university-rankings-articles/brics-rankings/qs-university-rankings-brics-2015-overview

British Council. (2012). The shape of things to come: Higher education global trends and emerging opportunities to 2020. Retrieved from: www.britishcouncil.org/sites/britishcouncil.uk2/files/the_shape_of things_to_come_-_higher_education_global_trends_and_emerging_opportunities_to_2020.pdf.

British Council. (2014). *Postgraduate student mobility trends to 2024*. London: British Council.

Collier, S. (2017, January 16). *Brexit and Trump deter international students, survey shows*. Retrieved from: www.topuniversities.com/student-info/university-news/brexit-trump-deter-international-students-survey-shows

Cooper, A., & Dennis, M. (2017, July 11). *Trump and Brexit: A catastrophic North Atlantic alliance*. Retrieved from: www.timeshighereducation.com/blog/trump-and-brexit-catastrophic-north-atlantic-alliance de Wit, H. (2010). Internationalisation of higher education in Europe and its assessment, trends and issues. *Nederlands-Vlaamse accreditatieorganisatie*, 1–27.

Douglas-Grabriel, D. (2017, September 8). *Pell Grant award to rise, but program reserves remain in jeopardy*. Retrieved from: www.washingtonpost.com/news/grade-point/wp/2017/09/08/pell-grant-award-to-rise-but-program-reserves-remain-in-jeopardy/?utm_term=.fea0487c4c63

Downing, K. (2012). Do rankings drive global aspirations? In M. Stiasny, & T. Gore, *Going global: The landscape for policymakers and practitioners in tertiary education* (pp. 31–39). London: Emerald Group Publishing Ltd.

Downing, K. (2013). What's the use of rankings? In P. T. Maropc, P. J. Wells, & E. Hazelkorn, *Rankings and accountability in higher education: Uses and misuses* (pp. 197–208). Paris: United Nations Educational, Scientific and Cultural Organization.

Else, H. (2017, September 14). *How will Brexit shape the European research landscape?* Retrieved from: www.timeshighereducation.com/features/how-will-brexit-shape-european-research-landscape

Erkkilä, T. (2014). Global university rankings: Transnational policy discourse and higher education in Europe. *European Journal of Education*, 49(1), 91–101.

Espeland, W. N., & Sauder, M. (2007). Rankings and reactivity: How public measures recreate social worlds. *American Journal of Sociology*, 113, 1–40.

Espeland, W. N., & Sauder, M. (2015). *Engines of anxiety: Academic rankings, reputation, and accountability*. New York: Russell Sage Foundation.

Gibney, E. (2013, January 1). A different world. Retrieved from: www.timeshighereducation.co.uk/features/a-different-world/2001128.article

Griffin, S., Sowter, B., Ince, M., & O'Leary, J. (2018, June 6). QS World University Rankings 2019 supplement. Retrieved from: www.topuniversities.com/student-info/qs-guides/qs-world-university-rankings-2019-supplement

Hazelkorn, E. (2011). *Rankings and the reshaping of higher education: the battle for world-class excellence*. New York: Houndmills.

Hazelkorn, E. (2014). Reflections on a decade of global rankings: What we've learned and outstanding issues. *European Journal of Education*, 49(1), 12–28.

Hazelkorn, E., & Altbach, P. G. (2017, January 8). Why most universities should quit the rankings game. Retrieved from: www.universityworldnews.com/article.php?story=20170105122700949

Hazelkorn, E., & Gibson, A. (2017). Global science, national research, and the question. *Palgrave Communications: Humanities, Science, Business*, 3(1), 1–18.

Hazelkorn, E., & Ryan, M. (2013). The impact of university rankings on higher education policy in Europe: A challenge to perceived wisdom and a stimulus for change. In

P. Zgaga, U. Teichler, & J. Brennan, *The globalization challenge for European higher education: Convergence and diversity, centres and peripheries.* Frankfurt: Centre for Social and Educational Research.

Hoyler, M., & Jöns, H. (2013). Global geographies of higher education: the perspective of world university rankings. *Geoforum*, 46, 45–59.

Hunt, A., & Wheeler, B. (2017, September 26). Brexit: All you need to know about the UK leaving the EU. Retrieved from: www.bbc.com/news/uk-politics-32810887

ICEF (2013, September 19). Hong Kong's allure underscores strengthening Asian education hubs. Retrieved from: http://monitor.icef.com/2013/09/hong-kongs-allure-underscores-strengthening-asian-education-hubs/

ICEF (2015, March 6). Global economic power projected to shift to Asia and emerging economies by 2050. Retrieved from: http://monitor.icef.com/2015/03/global-economic-power-projected-shift-asia-emerging-economies-2050/

ICEF (2016, March 4). US and UK losing market share to regional destinations. Retrieved from: http://monitor.icef.com/2016/03/us-and-uk-losing-market-share-to-regional-destinations/

ICEF Monitor (2017, January 9). Trump victory driving increased interest in Canadian universities. Retrieved from: http://monitor.icef.com/2017/01/trump-victory-driving-increased-interest-canadian-universities/

IHEP (2009, July 2018). Impact of college ranking on institutional decision making: Four country case studies. Retrieved from: www.ihep.org/publications/publicationsdetail.cfm?id=126

Kaiser, J. (2017, September 6). Senate spending panel approves $2 billion raise for NIH in 2018. Retrieved from: www.sciencemag.org/news/2017/09/senate-spending-panel-approves-2-billion-raise-nih-2018

Kehm, B. M. (2014) Global university rankings: Impacts and unintended side effects. *European Journal of Education*, 49(1), 102–112. doi: doi:10.1111/ejed.12064

Kelly,N. (2017, June 7). Another budget bump could be coming for the NIH. Retrieved from: www.theatlantic.com/politics/archive/2016/06/nih-budget-increase-senate/486026/

Lederman, D. (2017, July 13). Shunning White House on higher education spending. Retrieved from: www.insidehighered.com/news/2017/07/13/house-bill-would-shield-indirect-research-costs-increase-nih-and-college-prep

Macgregor, K. (2014, October 10). Global postgraduate student mobility trends to 2024. Retrieved from: www.universityworldnews.com/article.php?story=20141009145454791

Marginson, S. (2013). Different roads to a shared goal: Political and cultural variations in world-class universities. In Q. Wang, Y. Cheng, & N. C. Liu, *Building world-class universities: Different approaches to a shared goal* (pp. 13–33). Rotterdam: Sense Publishers.

Marginson, S. (2017, September 13). Higher education and research are the 'collateral damage' of Brexit. Retrieved from: www.timeshighereducation.com/blog/higher-educa tion-and-research-are-collateral-damage-brexit

Matthews, A. (2012). South African universities in world rankings. *Scientometrics*, 92, 675–695.

Ndoye, M. (2008). Education in Africa: Knowledge makes the difference. In B. Fredriksen, & J. P. Tan, *An African exploration of the East Asian educational experience* (pp. 61–79). Washington DC: The World Bank.

Okebukola, P. A. (2013). An African perspective on rankings in higher education. In P. T. Marope, P. J. Wells, & E. Hazelkorn, *Rankings and accountability in higher education: Uses and misuses* (pp. 130–141). Paris: United Nations Educational, Scientific and Cultural Organization.

O'Leary, J. (2018, June 6). QS World University Rankings supplement. Retrieved from: www.topuniversities.com/student-info/qs-guides/qs-world-university-rankings-2019-supplement

O'Malley, B. (2017, October 14). International students key to US lead in innovation. Retrieved from: www.universityworldnews.com/article.php?story=20171014060817300

Organisation for Economic Co-operation and Development (OECD) (2016, February). Education indicators in focus. Retrieved from: www.keepeek.com/Digital-Asset-Mana gement/oecd/education/the-internationalisation-of-doctoral-and-master-s-studics_5jm 2f77d5wkg-en?utm_content=buffer99e34&utm_medium=social&utm_source=twitter. com&utm_campaign=buffer#page1

Organisation for Economic Co-operation and Development (OECD). (2017). Education at a glance 2017. Paris: OECD Publishing.

Paasi, A. (2005). Globalisation, academic capitalism, and the uneven geographies of international journal publishing spaces. *Environment and Planning*, 37(5), 769–789.

PricewaterhouseCoopers LLP (2015, February 6). The world in 2050: Will the global shift in global economic power continue? Retrieved from: www.pwc.com/gx/en/issues/the-economy/assets/world- in-2050-february-2015.pdf

QS Quacquarelli Symonds Ltd. (2018, June 6). QS World University Rankings. Retrieved from: www.topuniversities.com/university-rankings

Redden, E. (2017, March 13). International applications to US universities stall. Retrieved from: www.timeshighereducation.com/news/international-applications-us-universities-stall

Roberts, D., Siddiqui, S., Jacob., B., Gambino, L., & Holpuch, A. (2016, November 9). Donald Trump wins presidential election, plunging US into uncertain future. Retrieved from: www.theguardian.com/us.news/2016/nov/09/donald-trump-wins-us-election-news

Sadlak, J. (2010). Ranking in higher education: It's place and impact. *The Europa World of Learning*, 60, 1–11.

Salmi, J., & Altbach, P. G. (2011). *The road to academic excellence: The making of world-class research universities.* Washington: The World Bank.

Salmi, J., & Saroyan, A. (2007). League tables as policy instruments: Uses and misuses. *Higher Education Management and Policy*, 19(2), 24–62.

Sharma, Y. (20l5a, October 14). Higher education's future - Asia and technology. Retrieved from: www.universityworldnews.com/article.php?story=20151014195332975

Sharma, Y. (2015b, October 16). Hubs to take elite universities into world-class club. Retrieved from: www.universityworldnews.com/article.php?story=20151015211423407

Sheil, T. (2010). Moving beyond university rankings: Developing a world-class university system in Australia. *Australian Universities Review*, 52, 69–76.

Skyrme, G., & McGee, A. (2016). Pulled in many directions: tensions and complexity for academic staff responding to international students. *Teaching in Higher Education*, 21(7), 759–772.

Smith, G. (2016, June 23). Update: Still confused about Brexit? Here's a 2-minute explainer. Retrieved from: http://fortune.com/2016/06/23/what-is-brexit-explainer/

Sturmer, J. (2017, April 19). Scientists fear 457 visa changes will hinder research: Universities seeking urgent clarification. Retrieved from: www.abc.net.au/news/2017-04-19/scientists-fear-457-visa-changes-will-hurt-research-labs/8454330

TES Global Ltd. (2017, September 5). World University Rankings 2018. Retrieved from: www.timeshighereducation.com/world-university-rankings/2018/world-ranking#!/page/0/length/25/sort_by/rank/sort_order/asc/cols/stats

The Chronicle of Higher Education (2017, March 16). What Trump's budget outline would mean for higher education. Retrieved from: www.chronicle.com/article/What-Trump-s-Budget-Outline/239511

The Economist (2016, January 30). International students: Brains without borders. Retrieved from: www.economist.com/news/international/21689540-australia-and-canada-seek-attract-more-foreign-students-america-and-britain-could?fsrc=scn/tw/te/pe/cd/brainswithoutborders

The Russell Group (2016, July). Russell Group universities. Retrieved from: www.russellgoup.ac.uk/media/5417/russell-group-universities-and-the-european-union.pdf

Thomson Reuters (2014). About highly cited researchers. Retrieved from: http://highlycited.com/info.htm

Thomson, P. (2014, August 14). Life as an international academic: It can mean feeling torn in two. Retrieved from: www.theguardian.com/higher-education-netweck/blog/2014/aug/14/international-academic-bring-competitive-advantage-british-universitics

Van Damme, D. (2016, March 9). Is international academic migration stimulating scientific research and innovation? Retrieved from: http://oecdeducationtoday.blogspot.co.za/2016/03/is-international-academic-migration_9

Visser, D., & Sienaert, M. (2013). Rational and constructive use of rankings: A challenge for universities in the global south. In Q. Wang, Y. Cheng, & N. C. Liu, *Building world class universities* (pp. 145−160). Rotterdam: Sense Publishers.

Wang, Q., Cheng, Y., & Liu, N. C. (2013). *Building world-class universities: A different approach to a shared goal.* Rotterdam: Sense Publishers.

Wedlin, L. (2014). How global comparisons matter: the 'truths' of international rankings. *Bibliometrics. Use and abuse in the review of research performance*, 19(3), 65−75.

Wint, Z., & Downing, K. (2017). Uses and abuses of ranking in university strategic planning. In K. Downing & F. A. Ganotice, *World university rankings and the future of higher education* (pp. 232−251). IGI Global.

Yat Wai Lo, W. (2014). University rankings: *Implications for higher education in Taiwan.* Singapore: Springer.

Yudkevich, M. (2015). Prescription for the fever. In P. Baty, *Times Higher Education World University Rankings: BRICS and emerging economies 2016* (p. 26). Elsevier.

Zhou, N. (2017, May 3). International students could be left marooned by 457 visa abolition. Retrieved from: www.theguardian.com/australia-news/2017/may/03/international-students-could-be-left-marooned-by-457-visa-abolition

9

高等教育排名系統

好處、壞處、醜惡之處

在前面的章節中，我們已經看到全球 HERS 如何不斷加強鞏固世界大學市場的概念（Margison & van der Wende, 2007），並因此發現自己的影響力越來越大（Marginson, 2007a）。只要「人人都想擁有世界一流大學」的口號能夠持續（Altbach, 2003），那麼全球大學排名系統「顯然將繼續存在」（IHEP, 2007, p.2），並且「將發佈越來越多排名」（Bowden, 2000, p.58）。各國負責高等教育的政府部門對待排名的方式表明，一些國家以全球排名系統為衡量「世界一流」的絕對基準，而另一些國家實施的政策，則似乎完全忽視可能對其本國大學排名產生的負面影響。本書重點檢視了三大排名系統的歷史和影響，指出三大系統在衡量內容方面的主要差異、各種對排名方法的批評、HERS 誕生和蓬勃發展的環境。本章總結全球排名系統的好處、壞處並其醜惡之處，藉此回歸到第一章的主題：「謊言、該死的謊言及統計數字」。

高等教育擴張與 HERS 的影響

前面的章節已經展示了在近幾十年來，高等教育在全球大規模擴張（Schofer & Meyer, 2005）無疑促使全球 HERS 對一些國家和地區產生影響。在這些國家，不論是發展中國家還是發達國家，HERS 都對國家議程產生重大影響（Altbach, 2007）。在世界某些地方，全球大學排名明顯影響到高等教育的差不多所有方面，包括組織使命、管治、策略規劃、人事招聘及公共關係（Hazelkorn, 2007, 2008）。在國家層面，許多國家的政策制定者將建設所謂的世界一流大學作為優先事項，他們認為這將有助國家在全球爭奪畢業生人才方面佔據有利位置。這些國家的政府在公等教育方面的公共投資越來越多，並經常制定擴張高等教育的策略。如前所述，在院校層面，許多大學校長都懷着既興奮又惶恐的

心情來迎接一年一度全球各種排名公佈。有些人把排名視為無法避免的「毒藥」，有可能會「毒死」原本前途無量的職業生涯。當大學排名提升時，這些排名往往獲視為大學地位的絕佳體現；但當排名走向另一方向，這些排名卻被視為是一套完全不具代表性、不正確的準則。為了在全球 HERS 中爭奪更高名次，現在世界各地許多校長、高級行政人員、大學院校分析員致力獲取世界一流大學的地位，並為此投入大量資源和精力。現在大學的地位幾乎是由大學在三大 HERS 中所佔的位置來決定。

全國排名

全國大學排名並非新事物。早在 1870 年，美國教育局的年度報告就根據統計資訊為大學排名。20 世紀 80 年代，《美國新聞與世界報度》（U.S. News & World Report）發佈了大學排名，受到大學管理層、準學生及教學職位申請人、政策制定者和研究人員的廣泛關注（Meredith, 2004）。在英國，早在 20 世紀 70 年代中期，著名英國社會學家 A. H. Halsey 就向學術人員進行了一項調查，並制定了英國大學的排名。1992 年，《泰晤士報》（*The Times*）首次在其《優秀大學指南》（Good University Guide）中公佈了英國最好的 100 所大學。在德國，高等教育發展及德國學術交流服務中心（Center for Higher Education Development and German Academic Exchange Service，英文簡稱 CHE/DAAD）自 1998 年開始為德國的 250 所高等教育院校排名。在澳洲，墨爾本大學的應用經濟與社會研究所（Institute of Applied Economics and Social Research）於 2004 年首次發佈了澳洲大學的國際排名。

雖然有這些早期的先行者，全球大學排名仍然相對較新，只有不超過三十年的歷史。最早的國際（但非全球）大學排名是《亞洲週刊》（Asiaweek）從 1997 年到 2000 年發佈的「亞洲最佳大學」。儘管在過

去十年，向世界發佈的真正全球排名系統相對較少，但大學排名研究已成為一門新的學術和專業學科。甚或有學生撰寫博士論文，研究大學排名的各種爭議和潛在影響。一般來說，學者或是審視構成「世界一流大學」的概念，或是探討大學採取的相應策略，又或是研究在不同背景下追求世界一流地位對高等教育的影響（例如 Deem, Mok & Lucas, 2008; Mok & Chan, 2008）；其他學者則關注排名系統本身，他們或比較排名（Aguillo, Bar0llan, Levene & Ortega, 2010），或為排名系統評級（Stolz, Hendel & Horn, 2010; Taylor & Braddock, 2007），又或批評各種排名系統（Bookstein, Seidler, Fieder & Winckler, 2010; Dehon, McCathie & Verardi, 2010; Marginson, 2007b）。

全球排名引起全球關注

雖然大多數排名系統的科學及文化基礎受到廣泛批評，但不能否認的是，排名仍然繼續吸引院校、學者、僱主、學生及其家長大量關注，而且關注有增無減。然而，文獻回顧顯示，國際學術排名系統的比較研究相對較少（如 Aguillo et al., 2010; Buela-Casal, Gutierrez-Martines, Bermudez-Sanchez & Vadillo-Munoz, 2007; Dill & Soo, 2005; Provan & Abercromby, 2000; Usher & Savino, 2006; van Dyke, 2005; Loocke, 2019）。一些評論者指出，許多大學積極參與全球和地區排名，期望獲得正面的宣傳效果並吸引學生（Provan & Abercromby, 2000），而另一些評論者則認為，排名對大學表現產生了負面影響（Dill & Soo, 2005），還有一些學者不情願地參與排名，認為他們別無選擇。其他學者的批評主要集中在指標的選擇、比重的分配，以及認為院校差異並沒有統計意義（Dill & Soo, 2005; Provan & Abercroby, 2000）。Buela-Casal et al.（2007）比較了四個大學學術排名（上海排名、泰晤士報增刊排名、CEST 科學計量排名和《亞洲週刊》排名），而 Aguillo et al.（2010）則使用一套類似的方法比較了上海排名、泰晤士高等教育排名、台灣排名、萊頓（Leiden）排名和網絡計量（Webometrics）排名。這些研究普遍發現，雖然每個排名都採用了不同方法，並主要側重於研究和學術聲譽，但排名的結果相當類似。這或許並不太令人感到意外。雖然存在相似之處，但不同排名系統受不同目標驅動，針對不同受眾，評估不同參數，並依賴不同地理位置和文化中（Usher & Savino, 2006）相對通用的數據（van Dyke, 2005）。

三大排名的相似之處

前幾章已經清楚展示，在世界和地區高等教育排名中，三個全球大學排名系統佔據主導地位。歷史最悠久的排名系統是上海交通大學編制的世界大學學術排名（Academic Ranking of World Universities，英文簡稱 ARWU）。首次發佈於 2003 年，較其他兩個排名系統早一年；其後是 Quacquarelli Symonds（QS）編制的世界大學排名，於 2004 年首次發佈，泰晤士高等教育是其媒體合作夥伴。2010 年，在精心策劃的媒體炒作之後，《泰晤士高等教育增刊》發佈了自己的一套世界大學排名，名為「泰晤士高等教育調查」（The Times Higher Education Survey，英文簡稱 THES）。後來，ARWU、QS、THE 成為全球三大重要排名。有關這些排名各自的標準、比重和評分系統等詳細資料，可參見本書前幾章和這些排名系統的網站，在此不贅。不過，這裏值得分享一些有關三大排名的歷史和最新資料。世界大學學術排名（ARWU）由中國上海交通大學的世界一流大學研究中心和高等教育研究所於 2003 年 6 月首次發佈，之後每年更新一次。從 2009 年起，ARWU 由上海排名諮詢公司發佈，而這是一個完全獨立的組織（www.arwu.org）。Quacquarelli Symonds 世界大學排名（QS-WUR）最初由《泰晤士高等教育增刊》發佈（www.topuniversities.com/home/），但自 2010 年起完

全獨立運作，並取得巨大成功。最後，泰晤士報高等教育世界大學排名 THE-WUR 是三大排名系統中最新的，從 2010 年開始由泰晤士高等教育發佈（www.timeshighereducation.co.uk/）。雖然有些人可能會試圖掩飾，但事實是，這三個 HERS 都是由非常成功的商業組織編制，當中沒有一個可以宣稱在營運上具有道德優勢。

三大排名的差異

這三大大學排名所衡量的內容、方式及其對質素所隱含的定義都存在很大差異（Usher & Savino, 2006）。這三個 HERS 每一個都以各種方式成功吸引了全球媒體關注，同時也招來猛烈批評，在某些情況下也有獲得讚賞。有異於來自全球學術界的批評，讚賞通常不是來自同行的排名組織。ARWU 最常受到的批評是，它置身現代高等教育領域卻只集中單一方面、很明顯只基於與研究相關的標準。例如，Billaut et al.（2010）利用多重標準決策工具和概念得出結論，認為 ARWU 並不是有用和相關的工具，可用作討論學術機構「質素」，更不能幫助學生及其家庭選擇，或促使高等教育系統改進。此外，Dehon et al.（2010）採用穩健的主成分分析方法，揭示了學術研究中兩個既不相同又互不相關的因素 —— 總體研究成果和頂尖研究人員，其結論是，這兩個因素的相對比重在很大程度上決定了一所院校在 ARWU 的最終排名。QS-WUR 非常重視學術同行評審，這不免引來其具有強烈地區偏見的批評，因為同行評審者只是給其所在地區的大學評分，而非全球的大學（Taylor & Braddock, 2007）。2010 年 THE-WUR 發佈後便立即引起全球強烈質疑，針對的是結果異常、沒有上榜的院校、排名的透明度及有效性。時任新加坡南洋理工大學校長徐冠林評論新的 THE 系統：

詳細的分析顯示，88% 是根據與研究相關的指標計算，數據的不尋常規範化產生了一些奇怪結果 …… 對於快速崛起的大學來說，近

期世界頂級研究工作的成果並未立即反映在泰晤士報高等教育等排名中。

（Taylor & Braddock, 2007）

Taylor 和 Braddock（2007）在他們的研究中得出結論，認為 ARWU 比 QS-WUR 更能反映大學的卓越成就，而 Downing（2010a）則認為 QS-WUR 比 ARWU 更能讓雄心壯志的年輕大學在世界排名中受到關注。Marginson（2007b）批評了上述兩個排名系統，並探討了排名方法的困難和問題，主張採用一種更好的方法為大學排名，稱之為「乾淨」排名。這種排名透明、無私利、方法一致（Marginson & van der Wende, 2007）。隨着 QS-WUR 和 ARWU 等國際排名榜爭主奪主導地位（IHEP, 2007; Usher & Savino, 2006），有關納入標準（醫療中心和醫院的角色）、比重（先驗模式）、變量相互依賴關係（文獻計量之間的相關性）、組成部分的規模（大學分類）等議題的爭論不斷。無論每個 HERS 採用何種方法，大部分排名系統都有共同的限制：

> 主要的問題是，大多數排名都聲稱要評估大學的整體，忽視了任何內部差異，而且在構建涵蓋質素或表現各方面的綜合指數時，所使用的比重可能是任意的，偏向研究，而對教學質素的指導卻少之又少（甚或沒有）。研究表現的測量標準往往偏重於自然科學、醫學和英語，從而提升了主要英語國家綜合研究大學的地位。

（van der Wende & Westerheijden, 2009, 頁 72）

壞事也是好宣傳

儘管三大全球大學排名被批評為膚淺、武斷、缺乏真正質素衡量標準（Meredith, 2004），而且關於其用途和有效性的爭論仍然持續

（Altbach, 2006; Brooks, 2005; Dill & Soo, 2005），但三大排名還是在高等教育、政策和公共領域迅速獲得極高聲望，並對院校和政策行為產生明顯影響（Marginson & van der Wende, 2007）。有證據顯示，大學排名對美國大學和學院的高級管理人員產生了重大影響（Bastedo & Bowman, 2010）。隨着三大的第三個排名系統（THE-WUR）在 2010 年發佈，Downing（2010a）提出，是時候慎選你的排名「毒藥」。他非常詳細地分析了主要的全球排名系統，發現過去三、四年裏，亞洲的大學在 QS-WUR 排名中的位置穩步上升；到 2010 年，進入世界前 200 名的大學比往年多得多（Sharma, 2010）。這對於像亞洲、中東、東歐、拉丁美洲等地區年輕而雄心勃勃的大學來説，無疑是一個非常積極的推動力，這些大學都渴望在排名榜中取得高位。

儘管如此，各排名系統對於哪些大學是「最好」的，看法仍然驚人地一致：美國的哈佛、耶魯、普林斯頓、麻省理工、史丹福；英國的牛津和劍橋；加拿大的多倫多大學；澳洲的澳洲國立大學和墨爾本大學；中國的北京大學和清華大學。這些頂尖大學在各國的排名結果相似，表明大多數大學排名使用的指標可能真的只在衡量一些基本特徵，如院校成立時間長短和學生人均教育經費（Michael, 2005; Usher & Savino, 2006）。在排名較低的級別上，排名結果差異較大，即使是方法上的微小變化，也會顯著改變院校的排名。這表明，不太為人所知、但在全國或地區受到尊重的大學，可以從各種全球大學排名中了解自己的相對優劣而有所得益，但一些評論員仍然視排名為不可避免的「毒藥」，可以斷送本來前途無量的學術生涯。當大學在全球的知名度不斷提升，排名是衡量其進步的非常準確標準，但當大學走向另一個方向時，排名卻包含了一套極不準確、不具代表性的標準（Downing, 2010a）。

凡事有利有弊……

　　正如 Downing（2010b）所言，所有這些 HERS 都認識到全球環境對高等教育體系和院校的影響日益增加，也知道潛在消費者重視某些識別院校優劣的方法。在這些消費者中，有些人可利用政府資助或補貼接受高等教育，而另一些人則要花自己的血汗錢為自己，或更大可能是為子女獲取最好的教育。Downing 認為，在生活中的每方面，我們都能做出明智選擇，因為我們能獲得適當的方法來評估所購產品的質素，縮小選擇範圍，再進一步研究。排名出現無疑使這些消費者更易獲取有關院校（整體）的資訊，從而有助他們選擇。世界一流大學的地位既視為國家成就和聲望的象徵，也視為全球知識經濟中經濟增長的引擎。因此，全球排名激發院校越來越渴望在國家體系內獲取高排名研究型大學的地位（Marginson & van der Wende, 2007）。

總結

好處、壞處、醜惡之處

　　那麼問題來了，排名到底好在哪？壞在哪？醜在哪？我們不應低估排名對大學管治的影響，排名系統無疑帶來了好的、壞的，有時甚至是醜惡的後果。對一些大學來說，排名提供了一套有用指標，可以用作衡量其全球表現的基準（好）；而另一些大學過分強調排名，使高層管理人員偏離原來正確的願景和使命（壞）。有時候，年度排名輕微上升或下降就被視為長期表現的轉變，許多人職業生涯的成敗就取決於幾個（通常被誤解的）參數，而某所大學在當地或社區做出的更大貢獻則被忽視（醜惡）。全球排名的出現意味着許多發展中國家的政府投放更多資源在高等教育，以確保能在全球排名中佔據高位或達到世界一流大學（WCU）的地位（好），但其中一些國家偏向投放資源於那些獲認定為具

有全球目標的院校，卻忽視了那些肩負社區或地方使命的院校（壞）。一些負責提交排名數據的研究機構人員，公開或暗地裏承受着巨大壓力，要確保自己的院校在排名中上升，而當預期的上升沒有實現，他們就被視為無能，這可能導致有人試圖「玩弄」排名，在某些情況下，一些前途無量的職業生涯和聲譽就這樣斷送了（醜惡）。毫無疑問，全球排名給大學帶來壓力，要求他們維護準確、專業的數據庫，以證明他們為社會和相關利益者帶來價值（好）。然而，由於排名把論文引用作為質素指標，而一直以來，醫學、工程和科學學科通常有較高的論文引用數量，這導致了一些大學過度發展這些學科，不利於藝術和人文學科的發展（壞）。但有些大學認識到藝術和人文學科對文明和文化社會非常重要，更不用說他們對學術聲譽評分的潛在影響。三大排名系統中有一個系統知道大多數學生並不會繼續攻讀研究生課程，而是在社會上從事專業工作，因此此排名方法中加入了僱主聲譽指標；而另外兩個排名系統忽視了這重要事實（壞）。一些大學誤以為假如他們贊助排名機構或在排名機構投放廣告，其排名就會上升（醜惡）。

關於好處、壞處、醜惡之處，真正的問題在於管理大學和國家的有識之士如何利用全球排名，當排名用作絕對指標去衡量一所大學質素的全球地位，排名無疑是壞的。排名用來為學生及其家庭提供消費者服務，以及為大學及其教職員提供基準，則可能是有用的，甚至是好的。尤其是當消費者對排名的標準和方法有足夠了解，並且在使用排名時用常識來判斷。如果排名是具透明度的，並且積極用於改善教學和研究質素，以及根據大學願景和使命制定院校策略，那麼排名甚少是醜惡的。當然，如果你的大學正處於不斷下滑的旋渦中，排名並不那麼美好。任何一所大學在選擇用哪個排名來宣傳或制定策略時，都不免會考慮到自身利益。相對年輕、有抱負的院校，尤其是西歐和美國以外的院校，可能更傾向使用 QS-WUR 或 THE WUR，而那些有能力培養和聘用諾貝爾獎和菲爾茲獎得主的老牌富裕院校則更傾向 ARWU。

謊言、該死的謊言、排名?

　　全球排名引入了更透明的競爭,儘管有時並不完美,但一些排名系統為年輕的大學及其畢業生提供了在地區和全球舞台上立足的機會。相反,這種競爭也能防止一些老牌名校「靠聲譽過活」,因為他看到有「後起之秀」正在挑戰自己的歷史優勢。一些跡象表明,這開始推動良性競爭,驅動改進、懲罰自滿。只要全球排名的各種消費者精明地使用排名,這對全球高等教育來說是好事。這讓我們回到第一章的標題,即「謊言、該死的謊言及統計數字」,如果我們想避免這變成「謊言、該死的謊言、排名」,我們應該像解釋統計數據一樣,用批判的眼光來看待排名,檢查和審核排名全部所用數據的真實性,並確保所有院校提交的數據在提交前都經過高層管理人員嚴格核實。同時亦需要教育消費者,一般是未來的學生及其家長,也包括學者和他們的管理人員,讓他們認識到特定的排名就像測量智力的智商分數一樣不完美,因為智商或 IQ 通常的定義是「智力測驗所測量的」。同樣的原則也適用於排名,任何特定院校的排名都是由特定的 HERS 測量決定,而這並不一定是測量院校的真正優秀之處。

參考資料

Aguillo, I. F., Bar-Ilan, J., Levene, M., & Ortega, J. L. (2010). Comparing university rankings. *Scientometrics*, 85(1), 243–256. doi: doi:10.1007/s11192-010-0190-z

Altbach, P. G. (2003). The costs and benefits of world dass universities. *International Higher Education*, 33. Retrieved from: www.bc.edu/bc_org/avp/soe/cihe/newsletter/News33/text003.htm

Altbach, P. G. (2006). The dilemmas of ranking. *International Higher Education*, 42, 1–2.

Altbach, P. G. (2007). Empire of knowledge and development. In P. G. Altbach & J. Balan (Eds.), *Transforming research universities in Asia and Latin America: World class worldwide*. Baltimore: The Johns Hopkins University Press.

Bastedo, M. N., & Bowman, N. A. (2010). U.S. News & World Report college rankings: Modeling institutional effects on organizational reputation. *American Journal of Education*, 116(2), 163–183.

Billaut, J. C., Bouyssou, D., & Vincke, P. (2010). Should you believe in the Shanghai ranking? *Scientometrics*, 84(1), 237–263. doi: doi:10.1007/s11192-009-0115-x

Bookstein, F. L., Seidler, H., Fieder, M., & Winckler, G. (2010). Too much noise in the Times Higher Education rankings. *Scientometrics*, 85(1), 295–299. doi: doi:10.1007/s11192-010-0189-5

Bowden, R. (2000). Fantasy higher education: University and college league tables. *Quality in Higher Education*, 6(1), 47–60.

Brooks, R. (2005). Measuring university quality. *Review of Higher Education*, 29(1), 1–21.

Buela-Casal, G., Gutierrez-Martinez, O., Bermudez-Sanchez, M. P., & Vadillo.Munoz, 0. (2007). Comparative study of international academic rankings of universities. *Scientometrics*, 71(3), 349–365. doi: doi:10.1007/s11192-007-1653-8

Deem, R., Mok, K. & Lucas, L. (2008). Transforming higher education in whose image? Exploring the concept of the 'world-class' university in Europe and Asia. *Higher Education Policy* 21, 83–97.

Dehon, C., McCathie, A., & Verardi, V. (2010). Uncovering excellence in academic rankings: a closer look at the Shanghai ranking. *Scientometrics*, 83(2), 515–524. doi: doi:10.1007/s11192-009-0076-0

Dill, D. D., & Soo, M. (2005). Academic quality, league tables, and public policy: A cross-national analysis of university ranking systems. *Higher Education*, 49(4), 495–533.

Downing, K. (2010a). *Ranking of Asian Universities Choose Your Poison Carefully.* Paper presented at the Sixth QS Asia Pacific Professional Leaders in Education Conference, Singapore.

Downing, K. (2010b). Rankings: Bringing Asia out of the shadows. In J. Sim (Ed.), *QS World Class Showcase 2010* (pp. 34–36). Singapore: Timcs Printers Pte Ltd.

Hazelkorn, E. (2007). The impact of league tables and ranking system on higher education decision making. *Higher Education Management and Policy*, 19, 1–24.

Hazelkorn, E. (2008). Learning to live with league tables and ranking: The experience of institutional leaders. *Higher Education Policy*, 21, 193–215.

IHEP (2007). *College and university ranking systems Global perspectives and American challenges.* Washington, DC: Author.

Loocke, P. J. H. (2019). *The influence of higher education ranking systems: an institutional leadership perspective.* Unpublished doctoral thesis. University of Johannesburg.

Marginson, S. (2007a). Global university comparison: The second stage. Griffith University/IRU symposium on international trends in university rankings and classifications. Retrieved from: www.griffith.edu.au/conference/university-rankings/pdf/simon-marginson-paper.pdf

Marginson, S. (2007b). Global university rankings: Implications in general and for Australia. *Higher Education Policy and Management*, 29(2), 131–142.

Marginson, S., & van der Wende, M. (2007). To rank or to be ranked: The impact of global rankings in higher education. *Journal of Studies in International Education*, 11(3/4), 306–329.

Meredith, M. (2004). Why do universities compete in the rankings game? An empirical analysis of the effects of the U.S. News and World Report college rankings. *Research in Higher Education*, 45, 443–461.

Michael, S. O. (2005). The cost of excellence: The financial implications of institutional rankings. *International Journal of Educational Management*, 19(5), 365–382.

Mok, K. H., & Chan, Y. (2008). International benchmarking with the best universities: Policy and practice in mainland China and Taiwan. *Higher Education Policy*, 21, 469–486.

Provan, D., & Abercromby, K. (2000). University league tables and rankings: a critical analysis. *Paper No. 30, Commonwealth Higher Education Management Services.* Retrieved from: www.acu.ac.uk/chems/onlinepublications/976798333.pdf

Schofer, E., & Meyer, J. W. (2005). The worldwide expansion of higher education in the twentieth century. *American Sociological Review*, 70, 898–920.

Shanghai Jiao Tong University Institute of Higher Education (2010). Academic Ranking of World Universities. Retrieved from: vvvw.arwu.org/aboutARWU.jsp

Sharma, Y. (2010). *ASIA: Universities' rise beginning to eclipse US University World News.* Retrieved from: www.universityworldnews.com/article.php?story20101120000653689

Shin, J. C. (2009). Building world-class research university: The Brain Korea 21 project. *Higher Education*, 58(5), 669–688. doi: doi:10.1007/s10734-009-9219-8

Stolz, I., Hendel, D. D., & Horn, A. S. (2010). Ranking of rankings: benchmarking twenty-five higher education ranking systems in Europe. *Higher Education*, 60(5), 507–528. doi: doi:10.1007/s10734-010-9312-z

Taylor, P., & Braddock, R. (2007). International university ranking systems and the idea of university excellence. *Journal of Higher Education Policy and Management*, 29(3), 245-260. doi: doi:10:1080/136008007014557855

Times Higher Education (2010). THE World University Rankings 2010. Retrieved from: www.timeshighereducation.co.uk/world-university-rankings/index.html

Times Higher Education Supplement. (2010). World University Rankings 2010. Retrieved from: www.topuniversities.com/university-rankings/world-university-rankings/methodology/institution-inclusion

Usher, A., & Savino, M. (2006). *A world of difference: A global survey of university league tables.* Toronto: Canada Educational Policy Institute.

van der Wende, M., & Westerheijden, D. F. (2009). Rankings and classifications: The need for a multidimensional approach. In F. A. v. Vught (Ed.), *Mapping the higher education landscape. Towards a European classification of higher education* (pp. 71–87): Springer.

van Dyke, N. (2005). Twenty years of university reports cards. *Higher Education in Europe*, 30(2), 103–124.

Yonezawa, A. (2006). Japanese flagship universities at a crossroads. In N. Furushiro (Ed.), *Final report of developing evaluation criteria to assess the internationalization of universities* (pp. 85–102). Kwansei: Osaka University.